Horte

Les bruixes no fan petons!

edebé

Títol original: *Hexen küsst man nicht!*

Passeig de Sant Joan Bosco, 62
08017 Barcelona
www.edebe.com

Directora de la col·lecció: Reina Duarte
Disseny de les cobertes: Francesc Sala
Dibuixos de les cobertes: Óscar Jiménez (Agència PlanB)

1a edició en aquest format, abril 2005

ISBN 84-236-7446-0
Dipòsit Legal: B. 228-2005
Imprès a Espanya
Printed in Spain
EGS - Rosari, 2 - Barcelona

Diumenge, 5 de març

Un diari! Fantàstic...! Només em faltava això!

«Estimada Josefina! Quan jo era adolescent, el meu diari va ser el meu acompanyant més important», escriu la tieta i m'envia un llibre en blanc.

Ja està bé...! Un diari! En fi, almenys és millor que els lamentables pijames que m'acostuma a regalar. Em sembla que és l'única persona que ha aconseguit passar del disseny de nadó, és a dir, ossets i gatets, al disseny sènior de la marca floretes diverses, sense enviar mai un pijama que s'acosti mínimament al meu gust.

I a sobre, a la mare li encanten els seus regals i sempre diu: «Ai, loio, això sí que és una cucada. No m'imaginava que avui en dia es poguessin trobar coses així.» No em diguis que no és patètic!

I ara toca un diari. Qui escriu en un diari si hi ha ordinadors? Avui en dia ja no es troben diaris a cap tauleta de nit. A més, si ni tan sols les tauletes de nit estan de moda.

El cas és que les mares tafaneres ja no escorcollen les habitacions de les filles per trobar-hi els diaris, sinó disquets amb gravacions secretes. Per això es van inventar les contrasenyes. I cada cop és més freqüent que els pares adquireixin sorprenents coneixements d'informàtica. Alguns fins i tot ja han superat el nivell de connexió i desconnexió d'un ordinador. Es diu fins i tot que, mentre nosaltres, ignorants, som a l'escola formant-nos per al futur, ells es passen el temps asseguts davant l'ordinador jugant a aquests jocs que després contínuament ens prohibeixen. En fi, tant és.

Què faré jo amb un diari?

«Al teu diari, li pots explicar coses que ningú més ha de saber», escriu la tieta.

Només que en el meu cas no hi ha res que els altres no hagin de saber. La meva vida és com un llibre obert, o més ben dit, com un llibre en blanc.

La meva vida és sobiranament avorrida!

Tinc la germana petita més irritant del món, la mare més caòtica del món i les companyes de classe més estúpides del món, i això pot saber-ho tothom, així que, per a què vull jo un diari?

Per cert, que això no sempre ha estat així. Vull dir, això de la germana i la mare, sí; però allò de l'escola, no. No fa gaire, tot era completament diferent.

I l'única culpable que ja no sigui res com abans és aquesta estúpida de la Serafina. Ella va ser la que ens va dividir en adolescents *guais* i les que no ho són. Però, de quin grup sóc jo? De les no *guais!*

Fins que ella va arribar, el tema de si s'era o no *guai* no era una qüestió de pes. Hi havia gent que era molt maca, a d'altres els faltava un bull, però d'alguna manera jo em feia amb tothom. I ara això!

De sobte no sóc *guai,* així que em passo totes les tardes sola a casa. No m'ho puc creure.

Les bruixes no fan petons!

Fins que va aparèixer l'escurçó de la Serafina tot anava la mar de bé. Després de classe, la Linda, la Isabel, la Júlia i jo quedàvem per sortir. De vegades també hi venien altres noies, i de vegades ens hi acompanyaven nois de la nostra classe. Quedàvem despreocupadament, com a amics. Sortíem amb les bicicletes o els patins o anàvem a veure els cavalls a les quadres. Tot era pau i harmonia.

Després a la nostra classe va arribar la nova: la Serafina.

Primer va preguntar tota moixa si ens podia acompanyar, i nosaltres vam dir que sí. És clar, i per què no? Al cap i a la fi som bona gent, al contrari de la Serafina. Al començament fingia que tot li *molava,* sobretot els cavalls. Després, de mica en mica, va començar, com aquell qui no vol la cosa, a obrir-nos els ulls i a descobrir-nos que vivíem completament desfasades.

Als tretze anys ningú ja no llegeix revistes de cavalls ni còmics, perquè hi ha revistes d'adolescents. A més, ningú ja no es decora l'habitació amb pòsters de cavalls, sinó amb pòsters de cantants i actors de moda. I el tema principal a la nostra edat no és el de fer polseres de l'amistat, sinó: NOIS. Però no qualsevol noi, no. Havia de tenir almenys quinze anys. És completament ridícul deixar-se veure amb nois de la nostra classe. Si encara eren un nens!

Nosaltres ho escoltàvem tot molt atentament. Escolta, i per què no? Sempre es pot aprendre alguna cosa nova, oi? Així va ser com la Serafina ens va introduir en el món de les adolescents *guais* i ens va donar consells de maquillatge i de vestuari.

A mi em va fer la impressió que en feia un gra massa i que presumia molt, així que li vaig dir que en realitat fins ara ens n'havíem sortit prou bé sense els seus consells.

La Serafina ho va acceptar amb un somriure, però llavors es va disposar a donar el cop decisiu i d'una manera tan subtil que cap de nosaltres es va adonar del que estava passant.

De sobte, la Serafina s'havia convertit en la portaveu del nostre petit grup de les tardes i ella va opinar que no es podia consentir que qualsevol se'ns pengés de les faldilles. Després va anunciar que fundaria un club en el qual només es podrien admetre com a sòcies noies *guais.* A mi em va semblar una estupidesa, però estava convençuda que, amb el nom de noies no *guais,* es referia a l'Andrea, la Gabi i la Sofia. Bé, en realitat, s'hi referia, ja que les va excloure des de bon començament, però el pitjor va ser que a mi també em va incloure en el lot!

Els seus criteris per a l'admissió van ser els següents: ens va preguntar de qui estàvem enamorades. Jo de seguida vaig respondre que de ningú. En primer lloc, perquè és cert; i en segon lloc, perquè si ho hagués estat, de segur que no ho aniria explicant, i menys a la Serafina. A més, tots els nois em semblen uns babaus.

Amb aquella resposta jo mateixa m'havia exclòs del club, perquè la Serafina opinava que qui no estigués enamorada encara era una criatura i, per tant, no se li havia perdut res al seu club.

Després ho va preguntar a la Júlia, la Linda i la Isabel. Elles van ser més llestes. No van voler cometre cap error i van preguntar a la Serafina amb molta prudència quin noi li agradava a ella.

Ella els contestà que això era més clar que l'aigua. A l'escola només hi havia un noi *guai:* en BJ, el cantant del grup musical de la nostra escola.

En BJ té quinze anys i va a tercer de Secundària. En realitat, s'anomena Bernat-Joan, però no permet que ningú l'anomeni així, ni tan sols els professors. Pateix d'americanisme i insisteix en la pronunciació americana de les seves dues inicials. En fi, que a cap de nosaltres no se'ns havia acudit fins aleshores d'enamorar-nos d'ell.

Llavors les meves examigues van dir totes alhora que a elles també els *molava* un munt i que n'estaven enamorades des de ja feia molt temps.

La Serafina va assentir satisfeta i va dir a les altres noies que elles no eren *guais* (a mi també em va incloure en el pot), i que el club ja estava complet, però que, si nosaltres volíem, podíem formar el nostre propi club.

—Potser un club de cavalls —va dir, però el seu to no va ser gaire agradable ni animador.

Jo li vaig dir que a mi els clubs de tota manera em semblaven una ximpleria.

Aleshores la Serafina va arronsar les espatlles i va dir altiva:

—Com vulguis.

Es va enganxar dels braços de les meves amigues i es va esfumar.

Genial! Ara la meva vida no tan sols és sobiranament avorrida, sinó que a més ha arribat a la seva fi.

Almenys tinc un diari. Ha..., ha..., ha...

Dilluns, 6 de març

Ahir a la nit va tornar a venir la Linda a casa meva. Naturalment d'amagatotis, no fos cas que se n'assabentés la Serafina. La Linda té por de ser expulsada del club si parla amb adolescents que no són *guais.*

Em va pregar que fes el favor d'esforçar-me a ser una mica més *guai.* Em va dir que no fos ximpleta, i que m'enamorés d'una vegada per sempre d'en BJ, ja que, si la Serafina se n'adonava, de segur que m'oferiria ingressar al seu club.

El que passa és que la Linda em troba a faltar. Diu que tot seria més divertit si jo també estigués al club.

M'ho pensaré.

Potser faci el favor a la Linda.

Dimarts, 7 de març

Ja m'he decidit.

Jo també m'enamoraré d'en BJ. És clar que ho faig només per fer un favor a la Linda i no per l'estúpid club de la Serafina, que en realitat és una cosa com ara un BJ-Serafina-Fan-Club. Si no estàs tot el dia encantada admirant en BJ, a la Serafina li agafa un no sé què.

A la Linda un cop se li va acudir de dir que també li agradava en Patrick, i la Serafina va començar a riure-se'n. Aleshores la Linda li va dir que ho havia dit de broma i que en realitat estava colada per en BJ, a la qual cosa la Serafina li va contestar que li treia un pes del damunt, ja que de segur que l'hauria trobada a faltar quan no fos al seu club.

Una altra vegada, la Linda va dir que en Justus li semblava *guai,* a la qual cosa la Serafina li va contestar que això no podia ser, ja que en Justus era el seu germà i que fes el favor d'atenir-se a les regles del club.

Una altra de les regles deia que s'havia d'escoltar atentament la Serafina quan parlava. I és que ella, a l'hora del pati, fa xerrades a les seves seguidores sobre com funciona la vida i, a les tardes, els fa preguntes sobre el que ha dit. De debò, és que és increïble. Per poder pertànyer al club de la Serafina cal fer els deures que ella posa. Ahir, sense anar més lluny, la Isabel no va saber contestar de seguida com s'aconseguia un *look* humit (havia confós la gomina amb la laca) i la Serafina, sense pensar-s'ho dues vegades, li va lliurar una advertència per escrit. La Isabel es va posar a plorar, i la Linda la va haver de consolar durant una bona estona.

La Serafina té autògrafs de tots els grups musicals més importants, sap el que esmorzen les estrelles, on passen les vacances i qui està actualment enfadat amb qui. Sap el que cal posar-se per conquistar les estrelles masculines del cine, com se'ls trenca després el cor i com cal arreglar-se els cabells per enamorar els nois de quinze anys.

Resumint: la Serafina és *guai*. Això ho afirma ella mateixa i també les altres noies del club, suposo que perquè esperen que així se'ls encomani alguna cosa del *guai* de la Serafina.

A mi tampoc no m'aniria malament ser una mica més *guai*. Però, d'aquesta deficiència, en té la culpa la mare. Ella s'encarrega sistemàticament que jo destaqui per ser totalment el contrari.

Quan plou, com que sempre m'oblido el paraigua i les botes de pluja, ella me'ls porta a l'escola! I a l'hivern, la bufanda i la gorra.

Ni tan sols li passa pel cap que pugui tenir raons de pes per deixar-me oblidades aquelles ridícules peces de roba a casa.

Però això no és ni de bon tros el pitjor de tot. El problema és com entra a classe a donar-me-les. Les mares normals de segur que les deixarien als penjadors que hi ha davant de cada aula. Però la mare no. Ella ha d'entrar sempre a l'aula, i a més, a mitja classe! «I com ho fa?», us deveu estar preguntant. Doncs d'amagat, però com ho faria un elefant en una botiga de plats-i-olles, és a dir, llisca per la classe fent un soroll espantós. La primera vegada, tots van creure que es tractava d'un lladre una mica barroer, però ara alguns ja la saluden amb un: «Hola, senyora Domènec», quan s'acosta d'amagatotis fins on jo m'estic.

Aleshores, si els professors en veure-la interrompen la classe, ella els fa senyals amb les mans i xiuxiueja: «No, no, faci, faci. Faci com si jo no hi fos. Si jo ja me n'anava.»

Després se m'acosta, em diu a un volum de 130 decibels que m'ha portat les meves coses i m'abraça com si fes un any que no em veu, i aleshores torna cap a la porta de sortida, i sempre ensopega almenys amb tres motxilles. Quan per fi ha aconseguit arribar a la porta, es tomba un altre cop i em deixa anar uns petonets amb la mà fins que, als professors, no els queda cap altre remei que preguntar-li si es troba bé.

A la qual cosa la mare respon diligentment: «Sí, sí, tot en ordre. La nena només s'havia deixat les botes de pluja. Ja no el molesto més. Jo ja me n'he anat.»

Després prova d'obrir la porta, però sempre de l'inrevés. És a dir, que empeny el pany cap avall, obre una mica la porta, i després la torna a tancar amb un gran soroll. Llavors ella es gira amb càrrec de consciència i diu: «Porta de seguretat, ja ho sé, s'obre cap enfora. Sempre em passa el mateix.» I finalment se'n va, després d'haver-me tornat a deixar en el més absolut dels ridículs.

Fins i tot els professors han considerat necessari posar un rètol a la porta que digui: «EMPENYEU». I estic segura que ha estat pensat especialment per a la mare.

Després, quan ja han passat unes quantes setmanes i la majoria ja no es recorden de l'actuació anterior de la mare i han deixat de riure's de mi, torna a treure el cap per la porta i sant tornem-hi!

Escolta, i ara, de debò, qui en tot l'univers seria capaç d'actuar d'aquesta manera? Només algú que vol destruir la seva filla en societat.

Divendres, 10 de març

Ja fa tres dies que estic enamorada d'en BJ i funciona força bé. Sempre que el veig, el miro amb ulls de xai i sospiro profundament, quan la Serafina és a la vora, és clar.

Però ella encara no m'ha ofert d'ingressar al seu club. Només m'ha dit:

—Nena, treu-te aquest paio del cap.

Ara sí que no entenc res; què és, això? Una mena de prova d'admissió al club?

Jo li he contestat:

—Em puc enamorar de qui vulgui!

A mi m'ha semblat que havia sonat força *guai*.

Dilluns, 13 de març

Odio la Serafina.

Ha dit a en BJ que estic colada per ell. Quina canallada. I la Serafina ha dit que ell li havia dit que el deixés en pau amb aquelles ximpleries, que ell ni tan sols sabia qui era la Ioio.

Quina vergonya! Aleshores la Serafina ha dit que no li convenia que la veiessin amb mi. Que patia per la seva reputació, perquè jo no era prou *guai*.

Mira que n'és, d'estúpida i creguda, la molt porca! Potser es pensa que és *supermegaguai*. Em fa venir nàusees. Xerra amb el cop de pestanyes empastifades de rímel. Sí, sí, amb rímel, porta més màscara d'ulls a la cartera que no pas retoladors.

I quan li interessa una cosa d'algú es desfà literalment de dolcesa. Qualsevol diabètic podria entrar directament en coma.

Ni tan sols els professors s'adonen del seu joc. Pedagogs llicenciats, va! Si ella els enganya com a babaus! Quan els professors no miren, la Serafina provoca a tot aquell que no és del seu club. És dolenta i traïdora. I tots s'aguanten.

Algú hi hauria de fer alguna cosa.

Dimarts, 14 de març

Des d'avui s'asseu al meu costat.

Ho ha aconseguit fent la pilota al nostre tutor.

En realitat, considera una humiliació asseure's al costat d'algú com jo, que ni tan sols domina l'ABC del maquillatge. Però, com que a part d'això només té palla al cap, necessita algú a qui copiar. I com que les gallines, em refereixo naturalment a les seves amigues, perquè quan s'ajunten escatainen com les gallines, també tenen gairebé el cervell d'una gallina... Aquesta és la raó per la qual la Serafina m'ha triat a mi. A més, en Matemàtiques ningú no em guanya. Així que quan el professor Baumann va dir a la Serafina que si no millorava els resultats de Matemàtiques ho tindria realment malament, ella em va començar a empastifar en caramel. Fins i tot m'ha convidat a la seva festa d'aniversari.

«Ioio, estimada, si no fos per tu», diu sempre en un to teatral del tot (mira massa telenovel·les), mentre m'agafa la llibreta de Matemàtiques i comença a copiar els deures. A mi tot això em deixa descol·locada.

Dijous, 16 de març

Mai no hauria d'haver anat a l'aniversari de la Serafina.

I sobretot mai no hauria d'haver fet cas de la meva mare.

—Ioio, reina, per què no li pintes un quadre?

Odio quan em parla així. Ostres! Que ja tinc tretze anys i no sóc «la seva reina».

—És un regal personal i tu pintes molt bé... A ella li agraden els cavalls, oi? No éreu sempre a les quadres?

I jo, ximple de mi, no m'ho vaig pensar dues vegades i vaig copiar un dels meus pòsters de cavalls, un cavall de Lipizza, la raça preferida de la Serafina. Almenys això era el que deia. Va quedar realment genial. De debò.

Però això no va ser el que va opinar la Serafina. Quina cara que va fer. Quin tall. I davant de tothom.

Va intentar d'apuntar un somriure estúpid i va dir en to apegalós:

—Vaja, és que només tens cavalls al cap?

Després va fer una mirada molt significativa a les altres gallines i, agafant-lo amb dos dits, va col·locar el meu quadre al costat del paper de regal usat.

Les gallines es morien de riure tot fent escatainejos i refilets i jo només vaig pensar: «Que se m'empassi la Terra!».

És que mira que sóc ximple. Ho hauria d'haver sabut.

Però l'única culpable és la mare.

Com pot aconsellar la seva filla de tretze anys que pinti per a una adolescent *guai* un quadre com a regal d'aniversari? No em diguis que no és per tornar-se boja.

Si la mare no m'hagués tret la paga del mes,

hauria pogut comprar a la Serafina un CD. Però no, la setmana passada li va tornar a entrar l'atac educatiu i va pensar que allò era una bona lliçó.

Només perquè vaig confondre els vestits.

El tema va ser el següent: la mare treballa per al teatre. Em va trucar des d'allà. Nerviosa i histèrica, com sempre. Em sembla que ja va venir així al món, despistada, mai no té les coses sota control.

—Ioio, reina, m'has de fer un favor. Porta'm de seguida el vestit de bruixa al teatre infantil. Me l'he deixat a casa i la funció és a punt de començar.

Queda clar, doncs, que va ser ella la qui ho va espatllar tot. Però tant és.

La qüestió és que ho vaig fer, però em vaig confondre de vestit. Coses que passen, i la bruixa de Hansel i Gretel es va veure davant de la caseta de xocolata amb un vestit rococó. Va ser molt graciós. A mi em va semblar molt encertat. Però a la mare, no tant. Estava convençuda que ho havia fet a propòsit. A la meva edat, això deia ella, es podia distingir perfectament entre un vestit rococó i un vestit de bruixa.

A mi el vestit de bruixa em va semblar força lleig i tronat. L'altre estava molt millor. Com havia de saber que eren tan primmirats en aquelles coses?

La qüestió és que, a la mare, la van esbroncar de valent. I, com és natural, ella després em va esbroncar a mi.

La mare dissenya i confecciona vestits per al teatre. Els fa a casa.

Em pregunto per què no podria treballar tot el dia en una oficina com fan les mares normals. És clar, perquè la mare no és normal. A casa res no funciona com a les cases dels altres. Jo només conec les hores d'àpats regulades i els àpats casolans per la televisió.

La mare és un perfecte caos i sempre se sorprèn quan dic:

—Tinc gana.

—Un altre cop? Si acabes de menjar... —s'exclama aleshores fora de si.

—Sí, però ha estat fa set hores; a més, només m'he pres un bol de cereals a l'hora d'esmorzar.

Dec a l'inventor del forn microones la meva supervivència, perquè la mare encara no ha descobert quina funció té una cuina en una casa. Cus vestits excepcionals, però no sap fer ni un ou ferrat.

Però tot això també té el seu costat positiu. Per exemple, la mare creu que un entrepà d'ossets de llaminadures té un munt de vitamines, perquè un dia li vaig dir que els colors procedien del suc de fruites amb el qual es fabricaven. De manera que els ossets de llaminadures a casa nostra són sinònims de fruita.

A més, la mare sobretot i per davant de tot m'adora. Faria qualsevol cosa per mi, i la seva única meta a la vida és fer-me feliç.

Això sí, sempre que no hagi llegit fa poc un dels seus llibres educatius, aquells que són tan il·lustratius. Perquè aleshores prova de tallar pel dret. Recorre tota la casa buscant on i com pot emprar qualsevol element en pro de l'educació.

—Josefina, encara no has fet els deures. Apaga ara mateix la televisió.

I, quan jo em retiro capcota i trista a la meva habitació, ve corrents darrere meu i em diu:

—Perdona, reina, no era la meva intenció. Però has d'entendre que...

Després jo dic:

—Sí, mama, tens tota la raó.

El fet que jo l'entengui i que, a sobre, li doni la raó la descol·loca del tot, i aleshores em diu que em deixa acabar de veure el que estava mirant i que després faci els deures.

Jo dic que no.

Ella hi insisteix.

I, si jugo bé les cartes, m'acaba pregant que a més del meu programa preferit em passi mitja hora més mirant els videoclips musicals. Jo em dono per vençuda i ella se sent molt orgullosa del seu mètode educatiu. I llavors, com és natural, el tema dels deures ha quedat totalment oblidat.

Però això no importa perquè, pel que fa a l'escola, de totes maneres va perduda.

A la darrera reunió de pares es va passar tota l'estona asseguda en una aula equivocada. A la de sisè.

Quan va anar a acomiadar-se de la professora i li va dir que jo no li havia explicat que hagués canviat de tutora, ella se la va quedar mirant somrient fredament:

—Senyora Domènec, la seva filla Josefina no va a la meva classe. Ni tan sols fa aquest curs. La seva filla fa primer de Secundària.

I la mare, en comptes de sentir-se avergonyida, només li va respondre tota sorpresa:

—Ah, sí? Déu meu, com passa el temps!

Així és ella. Un cas perdut. La qüestió és que ha triat una feina que pot fer des de casa i amb això m'espatlla totes les tardes. I a sobre ella hi dóna una explicació pedagògica:

—Els nens han de sentir que la seva mare és sempre a la seva disposició.

D'això, se n'anomena *compensació*. Té càrrec de consciència perquè el seu marit la va deixar plantada amb dues nenes petites. Però tu, que això és d'allò més normal. Jo no conec cap família en la qual sobrevisquin els seus components inicials.

Bé, tret la de la Serafina. A casa dels Meiers és tot com a les pel·lícules de la *tele:* pau i harmonia. El seu pare encara viu amb ells. Però estic segura que és només perquè té por de la seva muller, ja que mai no li consentiria que s'esfumés. I és que quina peça està feta. Igualeta que la filla.

L'únic que se salva és el fill. En Justus és una autèntica joia. Té quinze anys i va a la mateixa classe que en BJ. Estic convençuda que la Serafina ha obligat el seu germà a fer-se amic d'en BJ per tenir més possibilitats de lligar-se'l.

Com més practico això d'estar enamorada, millor em surt. En BJ és taaan guapo. Que estrany que no me n'hagi adonat abans! Té un grup musical propi i un fotimer d'actuacions. Per això moltes noies estan colades per ell. Sobretot, la

Serafina. Ella es pensa que en BJ li pertany perquè es pensa que és la més guapa. Vol ser model i sempre diu que els músics es casen amb les models. Només cal llegir les revistes del cor per assabentar-se del que passa al món.

Evidentment, en BJ també va ser a la festa de la Serafina, i això que no volia, però la Serafina és tan aguda. I naturalment es va assabentar del ridícul que vaig fer amb el meu quadre del cavall.

La Serafina havia convidat en BJ i un parell de nois de la seva colla al seu aniversari, però van dir que no.

Per això, la Serafina va proposar la seva festa exactament el dia en què en BJ s'havia citat amb en Justus a casa seva.

Al començament es va fer la sorpresa: «Quina casualitat», i tot això, i després, va fer el paper d'agraïda perquè en BJ havia vingut per iniciativa pròpia al seu aniversari. I a sobre va aconseguir que ell li cantés una serenata. Les gallines no cabien a la pell de tant enamorament i tanta admiració. A mi la Serafina em crispava tant els nervis que gairebé m'oblido que jo també estic enamorada d'en BJ.

És clar que des que aquelles imbècils s'han rigut del meu quadre, estic arruïnada. En BJ s'ha assabentat de tot i ara de segur que mai no em trobarà *guai.*

Per acabar-ho d'adobar, després també es va posar en Justus pel mig. Va tornar a pescar el meu quadre d'entre el paper usat, el va mirar detingudament, com si fos un expert, i va comentar que havia trobat les instruccions de com muntar una rentadora, per si algú les trobava a faltar. Fins i tot jo vaig riure, en Justus és tan graciós.

Però després em va dir en veu baixa:

—A mi em sembla realment bo. Tens molt talent.

I això de què em serveix, si en BJ no em troba *guai*.

La Serafina té sort.

Començant pel seu germà gran. Sempre hi ha un munt de nois a casa seva. I és clar, per això està sempre envoltada de gallines ximples que es passen el dia escatainant al voltant seu. Com que ella promet deixar-los fer un cop d'ull al seu germà gran i als seus amics...

De vegades fins i tot convenç el seu germà perquè se les emporti, a ella i a les gallines, al cine. Em pregunto com ho fa. Perquè en Justus és massa maco per anar tirant de la seva poc assenyada germana.

Però ara no et pensis que m'agrada en Justus.

Perquè per ser exactes els nois em semblen tots uns babaus. Fins i tot en BJ és a la seva manera un babau: Míster *Megaguai*. Però ell almenys té un grup de música.

He d'aconseguir per tots els mitjans que en BJ s'enamori de mi. Aleshores la Serafina rebentarà de ràbia i aquest serà l'únic càstig just per a ella.

Divendres, 17 de març

Avui m'ha empès simulant un xoc. Tot i que la Linda diu que més que un xoc m'ha passat per sobre com una piconadora, perquè no m'ha vist. Però jo no m'ho crec. Ha estat un evident intent d'apropar-se. Els nois de vegades són molt tímids i aquesta és la seva manera de demostrar el seu amor a una noia.

A més, el blau del meu genoll té forma de cor. Si això no és una premonició...

El cap encara em roda. I això només pot ser degut a una commoció cerebral o a la pubertat.

Últimament la mare es passa el dia dient que ara estic en plena pubertat i que en aquesta edat solen passar coses molt estranyes... Però també diu que és la cosa més normal i natural del món. Però creus que realment passa alguna cosa? Doncs no! Encara no tinc pit ni tan sols un trist gra, que és el mínim que es pot demanar a la pubertat, oi? Un petit gra. Així els altres veurien que una es va fent adulta. En fi, tant és.

Vaja, la mare ja torna a protestar perquè apagui el llum i me'n vagi al llit. Diu que necessito dormir per estar descansada.

Dissabte al matí, 18 de març

Odio la Flippi.

És com una paparra molesta. Les germanes petites són un càstig de debò. Com se'ls devia haver passat pel cap als pares, que jo volia una germaneta? Quina bajanada.

Jo, en aquell temps, els vaig dir clarament que volia un germà gran o un gos.

Però no, em van donar una germana. Cinc anys més petita que jo. Això sí que no serveix per res!

Més tard la mare em va haver de donar la raó. I això que jo la mantenia entretinguda:

—Aquesta nena té una gran fantasia i només té pardals al cap.

Però després va tenir la Flippi. En realitat es diu Filipina. És clar, la mare té la malaltia anomenada *nommania.* Quina persona amb una mica de seny podria posar a les seves filles Josefina i Filipina?

Algú que s'anomeni Isidora! Pel que sembla devia complir la promesa de passar la maledicció del nom a les seves filles, i ho va fer, ja ho crec que ho va fer.

La qüestió és que sempre que la Flippi fa cap entremaliadura, sospira i diu:

—La Flippi és el nen que mai no vaig voler tenir.

La Flippi cria cargols i li encanta tot el que és fastigós. Fins i tot em sembla que tria els seus animals preferits pel factor de fàstic. Com més fàstic fa un animal a la gent, més el vol la Flippi. Per això ja hem tingut una col·lecció de paneroles, una cria de cucs i una colònia d'aranyes.

Ara els toca als cargols. Però no aquells més macos que porten la casa al damunt, no. Aquests els va tenir al començament, però la mare va cometre l'error de dir:

—Ai, aquests sí que són macos.

I la Flippi va canviar immediatament als cargols sense caseta, o sigui, als llimacs.

Massa poc. Ja li vaig dir que preferia un gos a una germana. Amb un gos hauria sortit més ben parada. I jo també.

Però en realitat jo volia parlar del meu dia. Tot ha començat així:

Jo estava ajaguda al llit somiant el somni del segle. M'estava amb en BJ al parc i ell era a punt de fer-me un petó quan de sobte he notat el gust més fastigós del món a la meva boca: gel de dutxa. M'he despertat de l'ensurt i què és el que passava?, doncs que tenia gel de dutxa a la boca. De debò.

La Flippi, aquella cap de trons, havia buidat un tub sencer de gel a la meva boca. Ha dit que havia obert els llavis tan provocadorament, que no se n'ha pogut estar. A més, què estava fent aquella *skunk* (això és anglès i significa 'mofeta') a la meva habitació? I més quan estic dormint.

Quin disgust que tenia. Li he pegat amb el meu coixí al cap, m'he llançat a sobre seu i he provat d'estrangular-la.

Però la Flippi, aquella cabra salvatge, ha fet un

salt cap endavant i m'ha clavat un cop de puny a l'estómac. Jo m'he donat un cop contra el prestatge i tots els llibres m'han caigut al damunt.

Naturalment, en aquell precís moment, ha vingut la mare a la meva habitació. M'ha mirat atònita i ha posat els ulls en blanc:

—Josefina —quan em diu Josefina vol dir que o bé no sap què fer o bé que està molt furiosa—, Josefina, no vull saber el que està passant aquí. Però sigui el que sigui, arregla-ho! Ara mateix!

Ha agafat la Flippi, l'ha estirat cap a ella amb força i ha tancat la porta amb un gran cop.

Però, és que aquesta dona mai no es pot parar a pensar? És a dir, si la situació estava molt clara. Ella troba la Flippi a la meva habitació, d'això se'n diu *violació de domicili.* Jo podria haver trucat a la policia. Però la mare mai no en treu les conclusions correctes.

L'única cosa que se li ha acudit ha estat dir-me que fes el favor de tornar a recollir aquell caos.

Per què no intenta mai trobar el veritable culpable? Sempre em renya a mi. I només a mi. Tan sols quan tinc molta sort, crida de tant en tant en plural. Estic segura que ho fa perquè jo em pensi que també està renyant la Flippi.

De segur que després l'agafa a part i es disculpa amb ella per haver parlat en un to massa alt, tot esperant que això no hagi fet mal les tendres orelletes de la Flippi. Després li deu dir que naturalment no estava enfadada amb ella, sinó només amb mi. M'hi jugo el que sigui que és exactament així.

Com més hi pensava, més furiosa em posava. Finalment he desfogat la meva ràbia clavant un cop de peu a la paperera, que ha volat pels aires cap a la porta. Justament en aquell moment ha tornat a entrar la mare.

Suposo que volia dir-me alguna cosa, però aleshores, en un acte de reflexos, ha enxampat la paperera al vol i m'ha mirat amb ulls de retret sense dir res. No ha arribat a caure gens de borrissol al terra, tota la brossa continuava a la paperera.

La Flippi s'ha tornat a esmunyir a la meva habitació i se m'ha llançat a sobre. I abans que jo pogués reaccionar, aquella nana verinosa m'ha donat un cop de puny a l'orella i una puntada de peu a la canella.

Jo bullia literalment de ràbia, he mirat al meu voltant i he descobert un gros i pesant volum de l'enciclopèdia molt a prop meu. L'he agafat amb les dues mans i l'he aixecat amb força. La mare, que ho ha vist tot, ha reaccionat a temps. I just quan estava deixant caure amb força el llibre damunt el cap de la Flippi, la mare li ha posat la paperera per barret, com si es tractés d'un casc de seguretat. Estic segura que la seva intenció era bona, només que, com que havia tingut un bon ensurt, no se li ha acudit res de millor per fer. Era clar. Però el cert és que no feia la impressió d'una acció gaire maternal. I a sobre, ara tota la brossa era pel terra.

El cas és que la Flippi ha començat a marranejar, més de l'ensurt que ha tingut que de cap altra cosa. Perquè en realitat no s'ha assabentat del que havia passat. La mare era darrere seu i la Flippi no havia vist la paperera. De segur que s'ha pensat que ho he fet jo, perquè de seguida ha començat a cridar com una histèrica:

—Auxili, auxili, m'he quedat cega i no puc veure-hi gens. La loio m'ha pegat al cap i ara m'he quedat cega. Mama, auxili!

Jo he pensat que, si la Flippi cridava, potser era millor que jo també ho fes. No sé què ha estat exactament el que he cridat, però el cert és que no ha ajudat que la Flippi es tranquil·litzés.

Això ja era massa per a la mare, que s'ha col·lapsat del tot. Ha alliberat la Flippi de la paperera i ens ha castigat a totes dues sense sortir de les habitacions.

I a més ens ha dit que tampoc no la podríem acompanyar al teatre a l'assaig dels vestits. Ha, ha! Quin càstig. Com si no tinguéssim altres coses millors a fer. Però, per si de cas, he començat a ploriquejar una mica i a lamentar-me en veu baixa de com n'havia quedat, de desendreçada, la meva habitació. Amb molta humilitat, m'he agenollat a terra i he començat a recollir el contingut de la paperera, mentre he tornat a fer una mica més el ploricó.

Actuant així la mare sempre cedeix i es penedeix de tot. Ho hauria d'haver pensat abans! Perquè no ha trigat a dir:

—Està bé, podeu venir amb mi.

Jo he pensat que m'agafava un atac i he començat a lamentar-me dient que no, que jo volia que em castigués perquè m'ho mereixia, i que només s'emportés la Flippi (perquè jo estava convençuda que la Flippi mereixia ser castigada).

La mare s'ha quedat molt pesarosa, però jo hi he insistit. Així que ella i la Flippi, protestant com és natural, se n'han anat.

Quan ja se n'havien anat, la primera cosa que he fet ha estat fer glopades per netejar-me el gel de la boca. Però no ha servit de res. Només em clapotejaven bombolles de sabó. Fins i tot quan parlava em sortia escuma de la boca i tampoc no hi havia manera de treure'n el gust. Ostres, si n'he dit, de fàstics.

Pel que es veu, a Amèrica les mares renten als seus fills la boca amb sabó quan diuen paraulotes. Doncs una cosa és clara: amb el gust del sabó a la boca és quan més juraments et passen pel cap, us ho ben asseguro.

Dissabte a la tarda, 18 de març

Però això només ha estat el començament.

Estava asseguda al meu llit pensant què podria fer i se m'ha acudit de provar un parell de pentinats, m'he tenyit uns blens de cabells de color fúcsia i blau i he provat davant el mirall com es fa un petó.

Després, he tornat a netejar el mirall i he buidat les butxaques de la jaqueta. Hi han aparegut un fotimer de trastos: tres bales, una maquineta de fer punta amb forma de barret de vaquer, dues gomes fosforescents per als cabells, un llimac assecat (de segur que es deuria haver amagat a la meva jaqueta fugint de la Flippi), i mig frankfurt de l'aniversari de la Serafina. Però el pitjor ha estat que dins del tros de frankfurt m'he trobat una cadeneta d'or que li havia regalat, a la Serafina, la seva padrina pel seu aniversari.

No tinc ni idea de com hi ha anat a parar allà.

Pensant-ho bé, només havia pogut passar quan em va caure un dels frankfurts a la taula on hi havia tots els regals d'aniversari. Jo m'havia agafat tres frankfurts alhora, perquè m'encanten, i tenia por que després no en quedessin més. Així que allà m'estava amb els meus tres frankfurts, mirant els regals d'aniversari que havien fet a la Serafina. Però una de les salsitxes es va esmunyir del pa i va anar a parar a la taula dels regals. Aleshores jo vaig provar de recuperar-la amb el panet, perquè no em volia embrutar els dits, i la vaig perseguir per tota la taula, però cada cop que col·locava el panet damunt la salsitxa per agafar-la com si fos amb una tenalla, es tornava a esmunyir. Per cert, vaig deixar una empremta força lletja de *ketchup* als regals.

Durant aquella operació i sense que jo me n'adonés, la cadeneta de segur que es va enganxar a la salsitxa de Frankfurt. Però, com dimonis havia arribat el frankfurt a la meva butxaca? Ah, sí, per en BJ. La festa de la Serafina havia començat de seguida a ser avorrida. En Justus i en BJ es van escapolir. La Serafina encara estava enfadada amb mi, i les gallines van començar a dir-li com n'era, de meravellosa i adorable. Si hagués hagut de continuar escoltant tot allò, hauria vomitat. Així que me'n vaig anar a casa, això sí, amb els altres dos frankfurts a la mà.

Un ja me l'havia empassat quan vaig veure en Justus i en BJ davant de la gelateria, i l'altre el vaig amagar ràpidament a la butxaca de la jaqueta. Vaig pensar que potser en BJ em parlaria i que, com qui no vol la cosa, començaríem a xerrar i parlaríem i parlaríem... I en aquests casos no és convenient estar menjant un frankfurt.

Però al final no va anar així, en BJ ni tan sols em va veure. Només en Justus em va saludar amb la mà. Però això tampoc no va millorar el meu malhumor. I ja no tenia gana, i a part m'havia oblidat del tot del frankfurt.

Així que aquest matí jo m'estava dreta a la meva habitació, frankfurt i cadeneta en mà, escalfant-me el cap per esbrinar què havia de fer.

Tinc un àlbum dedicat a en BJ. Hi enganxo tot el que té a veure amb ell. Això és el que s'acostuma a fer quan un està enamorat d'una estrella. Just quan estava pensant a enganxar el frankfurt a l'àlbum i com podia aconseguir d'aixafar-lo (el llimac, l'hi hauria enganxat sense cap problema), van trucar a la porta.

Amb la cadeneta i el frankfurt a la mà vaig anar a obrir. Era la Linda, els ulls de la qual es van obrir com taronges en veure la cadeneta.

—Déu meu, no m'ho puc creure —va deixar

anar la Linda tot d'una—. Ioio, com has pogut fer una cosa així?

La Linda em va posar a cent, quina classe de salutació era aquella?

—Què passa? —li vaig preguntar de males maneres—. Fes el favor de parlar clar.

La Linda va assenyalar la cadeneta.

—Has robat la cadeneta a la Serafina.

—Quina ximpleria. Jo no he fet tal cosa. Era al meu frankfurt.

—Oh, oh. Acabo de ser a casa de la Serafina i està completament fora de si. La seva mare fins i tot vol trucar a la policia.

A mi se'm va ennuvolar la vista del pànic que em va entrar. Si em tanquen a la presó, en BJ de segur que ja no voldrà saber res més de mi. Aleshores tot haurà acabat entre nosaltres i la Serafina tindrà via lliure.

La Linda no s'ho va pensar dos cops i em va arrossegar darrere seu tot dient-me:

—Som-hi, anem corrents, li tornes la cadena i li dius que tot ha estat un malentès.

Jo, completament histèrica, vaig córrer darrere seu i poc després ens vam trobar davant la porta de la casa de la Serafina. Aleshores vaig abaixar la vista i vaig recórrer el meu cos, i llavors vaig voler morir-me. Amb tot l'enrenou m'havia oblidat de vestir-me. Així que era allà, en pijama, i precisament amb el dels ossets panda. Me l'havia enviat la padrina, la dels pijames horribles i el diari.

Jo m'estava morint de vergonya davant la porta, però la Linda va trucar al timbre com si res i va esperar.

Quan la Serafina em va veure, va arrufar la cella i va dir:

—I tu què hi fas, aquí?

Això és increïble, em convida al seu aniversari i dos dies després es comporta com si fos una provocació per part meva trucar a la porta.

Bé, potser era per la taca de *ketchup,* però no havia estat culpa meva.

Quan a la seva festa d'aniversari em vaig voler posar *ketchup* al frankfurt, em va lliscar no sé com el pot i un raig va anar a parar a la brusa de seda de la Serafina. No et dic com es va posar. I la seva mare, també. Les dues van escatainar com si m'hagués assegut damunt el pastís d'aniversari.

Aleshores jo vaig dir:

—Això se'n va amb aigua. Com que és *ketchup* del barat..., no taca.

No sé per què, però el meu comentari no les va tranquil·litzar gens; al contrari, la Serafina encara es va queixar més escatainant que jo ho havia fet a propòsit i tot això.

En fi, el cert és que jo també em vaig sorprendre de la quantitat de salsa que n'havia sortit. Jo pensava que només l'havia esquitxada una mica i que la taca gairebé no es veia, però la Serafina es va haver de canviar de brusa. A mi em va prohibir que m'hi tornés a acostar. Per això em vaig aixecar i em vaig posar a mirar els regals. I va ser quan em va caure el frankfurt damunt la taula i quan devia passar allò de la cadeneta. O sigui que, pensant-ho bé, tot va ser culpa de la Serafina.

M'estava amb cara de babaua davant la porta de la Serafina amb la cadeneta del frankfurt a la mà i vaig dir:

—He trobat una cosa. Crec que és teva.

Li anava a lliurar la cadeneta, però me la va arrencar abans de les mans i va tancar la porta amb un cop fort. Què te'n sembla?

I un altre cop em vaig trobar davant la porta de la Serafina, i a sobre en pijama. Amb un pijama d'ossets panda.

Com no podia ser de cap altra manera, en aquell instant va arribar en Justus. Aquell beneit se'm va quedar mirant de dalt a baix.

—Un *look* impressionant, loio —va dir somrient.

Jo li vaig contestar:

—Idiota.

I me'n vaig anar rabent. El pitjor és que em vaig posar vermella. I això que jo gairebé mai no me'n poso. Només de vegades amb aquest ximple d'en Justus. I això que a mi no m'agrada gens. De debò.

Amb la Linda a ròssec vaig anar corrent al parc i el primer que vaig fer va ser cantar-li les quaranta. Com se li passa pel cap de treure'm de casa en pijama. Això era una canallada de debò.

Malauradament en aquell moment va passar el meu professor de Matemàtiques. Se'm va quedar mirant amb uns ulls grossos, se'm va acostar i em va preguntar si anava tot bé.

Jo no vaig saber què dir-li, així que vaig simular que anava somnàmbula i me'n vaig anar amb els braços estirats cap endavant. Va ser força creïble, ja que duia pijama. Quan vaig veure que ja no em podia veure, vaig accelerar i me'n vaig anar directa a casa.

Espero que en Justus no expliqui a en BJ res de la meva actuació en pijama. Em quedaria molt tallada.

Diumenge, 19 de març

Encara se'm regira l'estómac quan penso en la història de la cadeneta. Em vaig salvar de la presó pels pèls.

La Serafina té sort. Té un germà gran, totes les meves amigues, i a sobre li fan regals genials pel seu aniversari. La padrina de la Serafina li va lliurar la cadena amb molta solemnitat i la seva mare va anunciar davant de tots que, a partir d'ara, la Serafina tindria cada any un cor amb una pedra preciosa per penjar-lo de la cadena, fins que fes els divuit. A mi em va semblar insuportablement pedant, però la idea era bona.

La mare mai no hi pensaria, en una cosa així. Quan jo vaig fer els tretze anys, em va inscriure a un club de lectors i com a resultat ara rebré una enciclopèdia de vint-i-quatre volums, un cada mes. Genial!, just el que a una noia de la meva edat li agrada.

Tinc enveja de la Serafina. No tan sols per allò de la cadena i la padrina, sinó també per en Justus.

Bé, no és que li tingui enveja per en Justus, però com que és el millor amic d'en BJ, ella s'assabenta sempre de les seves últimes històries. I quan en BJ queda amb el seu germà a casa, aleshores ella també és a casa. Ella pot tocar el pany de la porta després que l'hagi tocat en BJ o beure del seu got quan ell ja se n'ha anat. De vegades, quan els nois estan avorrits per casa seva i organitzen concursos de rots, permeten que la Serafina faci d'àrbitre. És clar que ella sempre deixa que en BJ guanyi. No és d'estranyar que en BJ s'enamori de la Serafina.

I jo l'única cosa que tinc és una estúpida germana petita i una padrina que m'envia pijames amb ossets panda.

Quin cap de setmana més espantós.

Dilluns, 20 de març

Comença la lluita! La Serafina s'ha convertit en la més fèrria enemiga meva. Aquell escurçó miserable i maquinador.

Avui, a l'hora del pati, ha tornat a presumir que se n'anava amb el seu germà, en BJ i els altres nois al Cinemaxx. Les noies que volguessin acompanyar-la haurien de convidar-la a alguna cosa.

Naturalment, de seguida han saltat aquelles estúpides gallines: «Jo et pago l'entrada al cine», «Jo et compro crispetes», «Jo t'invito a una Coca-Cola», etc., etc. I ella, mentrestant, inflada com un paó, amb aires de generositat, assentint bondadosa.

Després m'ha preguntat:

—Josefina, i tu què?

Només de sentir-li dir el meu nom, tinc esgarrifances.

En fi, el cas és que li he contestat:

—Per què hauria de pagar-te alguna cosa, princesa? Si jo puc anar al cine quan vulgui.

Ella no m'ha contestat, i això m'hauria d'haver mosquejat. Però, ignorant de mi, no hi he pensat més.

Després de l'escola se m'ha tornat a acostar i m'ha dit tota apegalosa:

—Ah, estimada Ioio —*estimada Ioio,* aquesta està tocada del bolet—, ens ho hem pensat millor i no anirem al Cinemaxx, sinó al Multiplex. Si arribes abans que nosaltres, podries entrar-hi i guardar-nos els seients.

Jo devia estar a la lluna, perquè li he contestat:

—D'acord —i me n'he anat cap a casa.

Després, a la tarda, he defensat amb totes les armes una filera sencera de seients, però ningú no s'hi ha presentat. Estava enfadadíssima!

De tornada a casa, he passat per davant de la gelateria, i allà hi havia tota la colla asseguda tranquil·lament gaudint d'un gelat boníssim.

No em podia creure el que veien els meus ulls.

«Només podia ser una altra de les maquinacions de la Serafina», he pensat. I de seguida m'he adonat del perquè de la seva amabilitat del matí a l'escola. Però mira que sóc curta! Ja hauria de saber que no es pot confiar en la Serafina quan interpreta el seu paper d'amoixadora.

«Però ara sabràs el que és bo, et diré unes quantes coses», he pensat.

Així que hi he entrat i m'he encarat amb la Serafina. Li he preguntar per què no havia anat al Multiplex. I ella, posant uns morrets molt graciosos, m'ha contestat:

—Vaja, loio, ximpleta, t'has equivocat de cine, oi? Havíem quedat al Cinemaxx.

—Això no és cert —he dit jo.

Però abans que pogués començar a deixar-la com un drap brut, ella ha tornat a parlar en to apegalós:

—Bé, no et preocupis. Quan et deixen anar al cine per primer cop sempre s'està una mica nerviosa i es confonen les coses. La propera vegada t'ho apuntaré, i amb lletra d'impremta.

Tots han rigut. Fins i tot en BJ. Tots, menys en Justus. M'ha semblat un detall de part seva. M'he sentit tan malament. Tan malament, que ni tan sol he tingut forces per venjar-me, únicament he aconseguit anar-me'n. Quina vergonya. No podré tornar a aparèixer per l'escola en ma vida.

Si això no era prou, quan he arribat a casa, la mare m'ha començat a renyar, perquè portava tot el sant dia voltant i m'havia oblidat d'acompanyar la Flippi a les classes de flauta. Una pèrdua de temps absoluta, ja que aquell marrec té el sentit musical d'una olla exprés.

A més, la mare li ha hagut de comprar una flauta nova, perquè la Flippi la fa servir de palleta per beure's el cacau. Segons ella, això és el veritable art, i en canvi tocar la flauta ho fa qualsevol. El que ella vol és actuar a la televisió amb el seu número de la flauta com a palleta.

I què hi fa la mare? Somriu i mira amb aquella mirada de «però que graciosa que és la meva nena».

La seva nena està com una cafetera i això no és una cosa que millori amb els anys. Ben al contrari. Si la mare no s'imposa aviat, la Flippi prendrà el comandament, i la mare i jo li haurem de demanar permís per anar al centre a prendre'ns un gelat. I garantit que la Flippi ens retallarà la paga del mes si ens neguem a netejar la gàbia dels seus llimacs. I de segur que aleshores la mare i jo ens n'haurem d'anar a dormir a les vuit, mentre que ella es quedarà fins a les onze mirant la tele i bevent-se una copa.

La mare no s'imagina el que ens espera si no actua amb severitat amb ella. Sempre té una paciència de sant amb aquesta criatura.

Però amb mi, no.

Dimarts, 21 de març

La mare es fa pesada.

Les mares no n'entenen, d'amors.

No m'ha quedat altre remei que anar al cine per veure en BJ, o més ben dit: perquè ell em veiés a mi, i és que ara porto un ble de cabells de color fúcsia que és *superguai.*

A més, tinc un nou pla: vull cantar en el grup d'en BJ, perquè sovint els membres dels grups s'enamoren entre ells. M'ho va explicar la Linda, que ho havia sentit a dir a la Serafina.

Si el meu aspecte és *guai* de debò, de segur que en BJ voldrà que canti en el seu grup. S'enamorarà de mi, perquè estic convençuda que ell coneix les regles en aquests casos. I després, quan sigui la seva nòvia, tothom em trobarà *megasuperguai* i tots voldran ser amics meus. La Serafina es penedirà de no haver-me acceptat en el seu grup. Però aleshores serà massa tard. Quan vingui i em demani sisplau que entri al seu grup, jo li somriuré fredament i li diré:

—Jo no faig aquestes criaturades, i allunya't de mi, que tu no ets prou *guai* per a mi.

La mare, com era d'esperar, no ho ha entès. He provat d'explicar-li què era el més important a la vida: tenir un aspecte *guai* i aconseguir que el tio més guapo de l'escola estigui per tu. I després, per fi, que et faci un petó.

També li he dit que la meva vida és horrible, que ningú no m'entenia, i que ni tan sols tenia un gra.

Ella m'ha abraçat i m'ha acariciat els cabells.

—Ai, reina, em sap tan greu. Tot és culpa meva. Et prometo que estaré més per tu —m'ha dit.

Molt afectada, s'ha deixat caure sobre el meu llit, m'ha agafat amb aire dramàtic les mans i m'ha mirat fixament als ulls:

—Ioio, filla meva, ja saps que pots parlar amb mi de tot el que vulguis...

Sabia perfectament el que havia de fer: havia de tranquil·litzar-la, perquè altrament la tindria tota la setmana enganxada a mi, programant activitats per a mare i filla.

Li he fet uns tranquil·litzadors copets a l'esquena i li he dit:

—És clar que sí, mama. Ja ho sé. Si estic bé. Ho tinc tot sota control.

La mare:

—I què hi feies, al parc? Dissabte al matí, i en pijama?

En pronunciar la paraula *pijama,* la veu ja li ha sonat una mica histèrica. Pobra mama!

Pel que es veu, el meu professor de Matemàtiques no té altra cosa a fer que inquietar les mares que estan educant soles els seus fills. Ara estava en un embolic; què li podia respondre?

He dit el que dic sempre en aquests casos:

—Vaig perdre una aposta.

Però aquest cop no ha quedat satisfeta amb la resposta.

—Ioio, oi que tu parlaries amb mi si tinguessis problemes?

—És clar que sí —li he contestat, creuant els dits a l'esquena, que així no val com a mentida.

La mare m'ha abraçat amb una lleugera desesperació, després s'ha aixecat i se n'ha anat.

Però jo he pogut sentir com deia en veu baixa per a ella mateixa: «D'això, només en té la culpa el seu pare».

I no va mal desencaminada del tot, ja que el pijama d'ossets panda me'l va regalar la seva germana. A més, ell va ser qui va insistir que ella fos la meva padrina.

Després ell va tocar el dos i jo sóc aquí amb els pijames per a nadons de la seva germana, i la mare que busca motius psicològics per explicar què feia jo al parc en pijama.

Però si li arribo a dir que d'aquella manera evitava d'entrar a la presó, s'hauria tornat boja del tot. A les mares, cal tractar-les amb delicadesa, i cal tenir-hi molta paciència.

Dijous, 23 de març

Aquesta nit és la nit de totes les nits.

Ja ho tinc tot a punt. He ficat set flors diferents sota el coixí. Perquè quan es fiquen set flors diferents sota el coixí, de segur que se somia amb l'home amb el qual una es casarà algun dia. M'ho ha dit la Linda. I jo ja sé amb qui somiaré: amb en BJ.

De segur que ens casarem a Las Vegas. Com que a en BJ li agrada tant Amèrica...

Divendres, 24 de març

Aquest ha estat el fracàs més gran de la meva vida.

He somiat amb Bart Simpson. Això no pot ser veritat. Bart Simpson, acceptes Josefina Domènec, aquí present, com a legítima esposa?

Tataaan!

Podria posar-me a plorar. Els nostres fills naixeran amb un cap enorme o amb ulls de granota. O potser fins i tot amb totes dues coses juntes. Tothom mirarà el cotxet del nadó i després em mirarà a mi amb cara de llàstima. Ara sé com se sentia la mare d'en Dumbo.

I com ha quedat el llit... Això em portarà problemes. La dent de lleó ha deixat unes taques fastigoses, i als pensaments hauria estat millor que els hagués tret la terra de l'arrel. La rosa tampoc no ha estat bona idea, una punxa ha fet un forat al llençol.

I tot això per Bart Simpson. M'agafarà un no sé què!

Diumenge, 26 de març

La mare m'ha trobat les flors sota el coixí, però jo tenia preparada una bona excusa. Li he dit que era un tractament *macroidiòtic* contra els grans.

Ella ha arronsat les espatlles:

—En primer lloc, es diu macrobiòtic, i en segon lloc, tu no tens grans.

—Ho veus, ha funcionat —li he contestat eufòrica.

Abans que ella pogués investigar el cas més a fons, s'ha sentit un soroll fortíssim que venia de la sala, i la mare ha sortit rabent de l'habitació. La Flippi havia fet un experiment químic, i havia aconseguit fer volar pels aires el nostre aquari.

Estic segura que el que volia fabricar era una bomba d'hidrogen, però com que ningú no em fa cas... Bé, tant és. Aquest cop, m'he salvat. Perquè quan la mare ha aconseguit reunir tots els peixos, havia oblidat l'assumpte del llençol foradat i del coixí. A més, allò era una ximpleria comparat amb un aquari rebentat.

Sí, de vegades no està gens malament tenir una germana petita.

És clar que després m'ha reclutat per buscar els peixos, perquè la Flippi deia que encara en faltaven dos.

I quan he preguntat si és que soparíem palets de peix, no els ha fet cap gràcia.

Dilluns, 27 de març

Avui ha estat un dia fantàstic.

He salvat la vida a un peix i a una anciana.

Això del peix ha anat de la manera següent: he trobat els dos refugiats d'ahir. L'un era en un gerro, que espavilat, oi? Allà tenia veritables possibilitats de sobreviure. Però la mare sempre posa a l'aigua un fertilitzant especial per a les flors tallades, i és clar, podria ser que el peix salvat en patís les conseqüències més endavant. Probablement molt aviat tindrem el primer Peix Daurat Balena. I quan s'hagi fet massa gran per a la banyera, ens haurem de canviar de casa, a una amb piscina. No estaria gens malament.

L'altre peix no estava beneït per la sort. Havia anat a parar a la tassa de cafè de la mama. Per a ell, qualsevol ajuda ha arribat massa tard. Potser s'ha fet un cop de cap amb el terròs de sucre i s'ha partit el crani, amb tanta mala sort que el doctor peix (oh, sí que n'hi ha) no tenia consulta en aquell moment. No, no, en realitat no ha pogut ajudar el pacient perquè també estava evacuat. En aquest moment està nedant en un pot de melmelada, fins que la mama compri un nou aquari. A més, probablement tampoc no duia el *busca* en el moment dels fets.

Passem ara a la meva segona bona obra.

He anat a la ciutat a comprar un substitut per al peix mort.

Al davant d'una cabina telefònica hi havia un gran enrenou. Una senyora gran s'havia quedat atrapada a la cabina telefònica i no en podia sortir.

Al davant de la cabina hi havia uns quants marrecs de quart curs que s'ho estaven passant bé a costa d'ella. Quan per fi la senyora ha entès com funcionava el mecanisme d'obertura de la porta, un d'aquells brètols ha posat el peu davant la porta de la cabina perquè no pogués sortir. Li he fet una estirada d'orelles i l'he fet fugir cames ajudeu-me; després, he obert la porta de la cabina telefònica. Ho he fet desinteressadament i sense pensar en la meva seguretat.

Els de quart han començat de seguida a cridar: «Set-ciències, set-ciències...!» Al començament m'he espantat, perquè he pensat que, si a qui havia salvat era a una professora, seria molt vergonyós. Com és natural, els professors són enemics dels adolescents i no és gens *guai* ser amable amb un professor. Però, per sort, més tard he descobert que no era cap professora.

La dona estava molt contenta. M'ha donat les gràcies amb anhel i de seguida m'ha convidat a un gelat.

Malauradament, m'ha convidat a la gelateria on sempre es troben la Serafina i el seu club. No m'ha semblat gaire bona idea.

És a dir, ajudar una velleta a sortir d'una cabina de telèfons és una cosa, però anar amb ella a fer un gelat en públic on em podria veure en BJ, no ho sé... A tot això calia afegir-hi que tenia un aspecte molt estrambòtic, ja que portava un barret. Un barret molt rar. Mirant-ho bé no era cap barret, sinó més aviat una tulipa gegant col·locada damunt el cap amb el pètal girat a manera d'ala. Hauria quedat genial en una pel·lícula de terror. Es podria titular per exemple *L'atac de les tulipes assassines*. Duia penjat del braç un d'aquells maletins antiquats que portaven els metges fa molts, molts anys. Ella l'anomenava bossa de mà. I el curiós és que parlava amb la bossa. Fins i tot l'havia batejada: Matilde, i li demanava consell per a qualsevol cosa. Està tocada del bolet.

Però així, de sobte, no se m'ha acudit cap excusa, així que he anat a la gelateria amb ella.

Naturalment, allà hi havia la Serafina. I li ha faltat temps per riure's de mi amb les altres gallines; ha cridat:

—Mireu, la Ioio té una nova amiga —i altres maldats semblants.

Ha estat realment patètic. Però la senyora m'ha convidat a una copa de gelat gegant. Per a ella ha demanat d'entrada dues copes, i se les ha empassades en un no res.

Era encisadora. Només que a mi tot allò em deixava molt tallada. No puc dir de què m'ha parlat perquè no m'he assabentat de res.

L'única cosa que he entès, ja cap al final, ha estat:

—...Ara, filla meva, vés. Avui mateix trobaràs la teva sort.

Que estrany, oi? D'anada a casa he mirat pertot arreu, però no hi he vist en BJ. En fi...

Amb tot això, no he pensat gens en el peix.

Dimarts, 28 de març

Pensant-ho bé, avui ha estat un dia fantàstic: en BJ m'ha parlat.

A la biblioteca. La nostra classe era allà i la d'en BJ també.

Damunt la taula hi havia un atles i en BJ m'ha dit:

—Em pots passar l'atles?

Jo m'he posat tan contenta que m'he quedat paralitzada i no he pogut reaccionar.

En BJ ha posat els ulls en blanc i m'ha dit:

—Una mica curta de reflexos, oi?

No és meravellós?! Ha parlat amb mi! I dos cops seguits. De segur que molt aviat estarem junts. En BJ i jo serem parella.

Però m'ha tornat a passar una cosa molt vergonyosa. A la biblioteca! I a més davant d'en BJ.

Tot d'una la bibliotecària ha aixecat un osset i ha preguntat qui l'havia perdut.

Era meu. Quan em disposava a aixecar la mà i dir «és meu», un set-ciències ha dit que ho hauria de preguntar als de l'escola bressol i no pas als alumnes de primer i tercer de Secundària. Aleshores jo he baixat la mà en un tres i no res i he començat a cavil·lar com podia recuperar l'osset sense haver de reconèixer que era meu.

Però abans que pogués inventar-me una estratègia, s'ha sentit per tota la sala:

—La loio. L'osset és de la Josefina Domènec. Ella encara juga amb ninots de peluix, sap?

Era la Serafina, no podia ser de cap altra manera! Havia vist l'ós quan l'he tret de la butxaca de la jaqueta i l'he traslladat a la cartera. L'estúpida de la Serafina s'ha rigut de mi dient coses com ara «La loio és un bebè i, finalment, ha trobat el company de joc adequat» o «quina parella tan bufona», i coses per l'estil.

Un segon més tard ha ensopegat i ha caigut tan llarga com era. S'ha fet un bon cop.

Ja li estava bé.

Quan la bibliotecària m'ha lliurat l'osset, ha provat d'animar-me amb un somriure radiant i m'ha dit:

—És un osset realment encantador.

Pretenia ser un afalac, però a mi m'ha deixat de pedra perquè, d'encantador, no en té res.

L'ós és nou, però és nou per a mi, perquè en realitat és força vell. El tinc des d'ahir. És una mena d'osset orfe. Jo l'he adoptat.

El vaig trobar quan anava de la gelateria a casa. En un contenidor d'escombraries al mig de la ciutat. En realitat, només volia llençar el paper d'un xiclet en aquell contenidor; però, quan el vaig obrir, vaig veure allà dins aquell osset. Té un aspecte realment antiquat. Però quan te'l mires als ulls, sembla que és viu, com si d'un moment a l'altre t'anés a dir alguna cosa. Va ser tot molt estrany.

El cas és que l'osset em va fer llàstima. És molt petitet. Cap en una mà. O sigui que en realitat és un osset nadó. I estava tan sol. Jo el vaig rescatar del contenidor d'escombraries i me'l vaig amagar. A mi no em va semblar que estigués fent res de dolent, ja que si era allà era perquè algú ja no el volia.

I pensant-ho bé, tampoc no l'havien llençat al contenidor de reciclar, perquè estava amb els cartons i el paper. És clar que tampoc no estic gaire segura de quin contenidor és el més adient per a un osset, el de plàstics potser?, o potser el de residus orgànics? Quina ximpleria, el lloc d'un osset no hauria de ser cap contenidor d'escombraries.

Quan vaig arribar a casa, el vaig banyar, el vaig assecar amb l'eixugacabells i el vaig deixar que dormís amb mi al meu llit.

Bé, i avui me l'he endut a l'escola. On la ximple de la Serafina n'ha fet broma i m'ha deixat un altre cop en el ridícul més espantós.

Odio la Serafina.

Un altre cop la mare. Diu que apagui el llum i que m'adormi. Diu que necessito dormir més. Si dormo més encara, la meva vida haurà passat de llarg sense assabentar-me'n.

Dimecres, 29 de març

A partir d'ara l'osset serà el meu talismà. Per alguna raó, sempre que me l'emporto, tot funciona de meravella. De debò.

A l'hora del primer esbarjo, m'he deixat l'osset a la cartera i no he vist en BJ ni un sol cop. Tanmateix, a l'hora del segon esbarjo, portava l'osset a la butxaca dels pantalons i he ensopegat tres cops amb en BJ.

De camí cap a casa m'he posat l'osset a la mà i, aleshores, m'he trobat dos euros al terra.

Només d'arribar a casa, m'he topat amb la

histèrica de la mare. M'ha posat vint euros a la mà i m'ha dit que se n'havia d'anar urgentment al teatre i que la Flippi i jo anéssim a comprar una pizza per menjar, perquè a ella no li havia donat temps de cuinar res. D'això en dic tenir sort!

És clar que ja anava sent hora que alguna cosa en la meva vida comencés a sortir bé.

Dijous, 30 de març

Un cop més la mare està preocupada per mi.

És que li he explicat això de l'osset de la sort i que em concedeix tots els meus desitjos.

Però ella només ha somrigut lleument, ha sospirat profundament i m'ha estret contra el seu jersei d'angora. L'odio. Sempre m'entra el borrissol als ulls i al nas. I em fa pessigolles i em vénen ganes d'esternudar, i a més em ploren els ulls. Quan ja havia esternudat dues vegades al jersei i em queien uns llagrimots com punys, m'ha tornat a deixar lliure i ha dit:

—És clar que sí, reina, si tu ho dius. Sempre has estat una nena amb molta imaginació.

Què vol dir això? Que potser no em creu? Jo l'he mirada molt enfadada i aleshores ella ha afegit ràpidament:

—Si jo et crec, reina, de debò.

Va, no em creu ni una paraula. Pensa que estic completament boja i que m'ho estic inventant tot perquè no tinc pare. Sempre em surt amb alguna de les seves explicacions psicològiques.

Dilluns, 3 d'abril

L'osset és realment impressionant.

M'havia oblidat d'escriure una redacció per a Llengua, així que he agafat l'osset i l'he estret amb força mentre pensava: «no em tocarà, no em tocarà». I la senyora Bertran, efectivament, no m'ha anomenat i no m'ha tocat llegir. És genial, oi?

Durant l'hora del pati, he demanat a l'osset que la Serafina i la Linda es discutissin, i ha funcionat. L'osset és una passada. La Serafina s'havia autodeixat de la Linda un passador per als cabells nou i l'hi havia trencat. En aquests casos la Serafina sol dir una cosa així: «No cal que et posis d'aquesta manera, si ahir vaig ser amb el teu passador en una superfesta. No em diguis que no és una fi bonica per a un passador.» I la Linda, aleshores, davant d'aquesta explicació, se sol conformar.

Però avui no ha anat així. La Linda ha començat a plorar i la Serafina s'ha enfadat i li ha dit que no vol saber res d'una ploranera.

Després la Linda ha vingut cap a mi i jo he hagut de consolar-la. Ara torna a ser la meva millor amiga.

D'en BJ no hi ha novetats. Però he recordat horroritzada que ell ni tan sols té el meu número de telèfon. Què passaria si em volgués trucar per quedar amb mi? La Linda diu que això no és tan dramàtic, ja que tampoc no sap com em dic.

Aquest matí m'ha saludat en Justus al pati de l'esbarjo. M'ha semblat tot un detall per part seva. Potser ell pugui donar a en BJ el meu número de telèfon i dir-li el meu nom.

Dimarts, 4 d'abril

La mare encara està enfadada amb la Flippi per allò de la bomba de l'aquari. Ha dit que la Flippi haurà de pagar el desperfecte de la seva paga mensual. La mare està molt orgullosa per haver estat capaç d'aplicar un mètode educatiu tan dur.

I tot seguit li ha augmentat la paga mensual, perquè acabi de pagar les mensualitats abans que comenci a estudiar a la universitat.

Això és increïble. Què és el que n'he de deduir, de tot això? La mare no hauria de pensar també una mica en aquestes coses? Sens dubte, em portaran conseqüències psicològiques tardanes. Què és el que s'ha de fer a casa dels Domènec per aconseguir un augment de la paga? Fer esclatar un aquari.

Dimecres, 5 d'abril

Avui he tornat a anar al centre de la ciutat. Havia quedat amb la Linda perquè em volia explicar un secret sobre la Serafina.

Però ha resultat molt avorrit, perquè allò del seu color de cabells ja ho sabia. És a dir, que la Serafina en realitat té els cabells d'un color marró ratolí i sempre se'ls tenyeix.

Després, la Linda m'ha explicat el seu propi secret. M'ha dit que en realitat no està enamorada d'en BJ, sinó d'en Patrick i també una miqueta d'en Justus. Aleshores jo li he explicat que en Justus m'havia saludat, i ella m'ha dit que li semblava molt desconsiderat de part meva. I jo quina culpa en tinc? Em sembla que ha passat massa temps amb la Serafina. S'ha tornat igual de corcó.

Aleshores les dues ens hem posat de malhumor, i llavors la Linda ha comentat que se n'havia d'anar a casa, a estudiar Mates. Déu meu!, ha estat la pitjor excusa que se li ha pogut acudir.

Jo he preferit quedar-me passejant una estona, sense rumb fix, però a l'aguait per veure si trobava l'estranya velleta que m'havia convidat a la copa de gelat. He pensat que potser tindria ganes de fer petar la xerrada amb algú. Però no l'he vista per enlloc, així que me n'he anat a casa i, increïblement, m'he posat a estudiar Matemàtiques.

Dijous, 6 d'abril

Avui m'he tornat a trobar aquella velleta.

Estava asseguda en un banc del parc. M'ha cridat amb un gest de mà i m'ha preguntat si em venia de gust menjar un gelat. Jo he recordat terroritzada el dia de la gelateria i li he dit:

—No, gràcies.

I ella ha respost:

—A la gelateria no, aquí.

Mentre parlava amistosament amb la seva bossa, n'ha tret una copa de gelat i una cullereta, m'ha somrigut i me l'ha donada.

Jo m'he assegut al banc, al seu costat, i m'he menjat el gelat. De seguida, ha tret de la bossa una altra copa de gelat per a ella, i tot seguit una altra. Diu que sempre es menja dos gelats, per allò de l'equilibri. No sé gaire bé què ha volgut dir amb això, però ha sonat convincent. Així que jo també n'he volgut un altre, per allò de l'equilibri. Però ella ha dit que a la meva edat no era gaire bo menjar tant sucre. Que per això sortien els grans.

Escolta, això sí que ha estat un bon consell. De tornada a casa, m'he comprat un quilo de sucre. A veure si d'una vegada entro jo també a la pubertat.

El cas és que la senyora gairebé em deixa sorda d'una orella de tant xerrar. Generalment et fa les preguntes d'una manera que en realitat no necessites contestar res, i a més se les sol contestar ella mateixa, així que ella sola porta tota la conversa. Això ve a ser una cosa com ara: «T'agrada anar a l'escola? Doncs és clar que t'agrada. En els darrers temps s'ha tornat tot molt més agradable. Vosaltres, els nens, ara us ho passeu molt bé i els professors ja no són tan severs com abans. O potser encara tens algun *profe* d'aquells tan antiquats? No, de segur que no. Si avui en dia tots són persones joves i modernes.»

Ben pensat, ella no em necessitava per a res, però tot i així era millor que estigués asseguda al seu costat, almenys d'aquella manera la resta de la gent, si la veia parlant sola, no s'estranyaria tant.

I precisament perquè no em necessitava per a la conversa, solia passar que cada dos per tres me n'anava amb els pensaments cap a una altra banda i, quan ella esperava que jo li contestés alguna de les seves preguntes, el que passava era que jo no sabia què dir-li, perquè ni tan sols sabia què m'havia preguntat.

I aleshores és quan la cosa es posava realment vergonyosa. Perquè en aquells moments incloïa la bossa en la conversa.

—Matilde, Matilde, em sembla que la nostra jove amiga no ens fa gaire cas.

La velleta és realment estranya, però molt agradable. Es diu Klarafina. I així és com vol que l'anomeni. Pel seu nom de pila i de tu. És força *guai* per a la seva edat.

Fa una estona m'ha preguntat, de sobte, si tot passava d'acord amb els meus desitjos. Jo he esperat que ella respongués per mi, però ha fet una pausa i se m'ha quedat mirant amb cara d'interrogant. De manera que he entès que esperava una resposta per part meva. Jo m'he quedat pensant una estona i després li he dit que tot anava d'allò més bé, sobretot des que tenia l'osset.

Ella s'ha repenjat satisfeta contra el respatller del banc i ha dit que allò era fantàstic, que estava fent bé la seva feina.

No tinc ni idea del que volia dir exactament.

Quan l'hi he tornat a preguntar, només m'ha somrigut i m'ha picat l'ullet dient que s'alegrava que finalment el tingués. Que era bo per a una noia tenir un protector.

Sí, és clar, un protector. De segur que tots surten corrents si em trec l'osset de la butxaca i dic: «Foteu el camp, si no voleu que el meu ós us escupi», però a ella no li he comentat res de tot això.

Després li he explicat que havien passat algunes coses molt estranyes des que tenia l'osset.

—Bé, això era previsible —m'ha contestat.

Sí, senyor, d'això en dic jo tenir una reacció *guai*. No com la mare que de seguida es pensa que ha fracassat en la meva educació.

Bé, en realitat és que és així.

Sobretot si es té en compte que sóc aquí, asseguda en un banc del parc, amb una velleta que parla amb la seva bossa, en la qual guarda copes de gelat. No ho sé, no ho sé... Potser és una bona companyia per a una nena de tretze anys? I on dimonis són totes les meves genials amigues? Quan vaig a discoteques? I sobretot, qui em truca contínuament per telèfon per sortir amb mi? Doncs això.

Però oblidem-nos-en. De segur que la mare ha fet tot el que ha pogut. Tot i que les mares tampoc no són perfectes.

La Klarafina volia saber més detalls sobre l'ós i ha dit que era un ós molt especial. Estava totalment excitada, la qual cosa m'ha semblat una mica exagerada. A la seva edat hauria d'estar una mica més tranquil·la i no perdre els papers per un petit ós al qual adjudica tot tipus de misteris. En realitat, només m'ha portat sort. I ja és tot. Això és tot.

Però la Klarafina ha dit que l'ós canviaria la meva vida. I que faria realitat tots els meus somnis.

Bé, això tampoc no està gens malament.

En aquest cas, estimat ós, fes que em truqui en BJ i que vulgui quedar amb mi. Gràcies.

Diumenge, 9 d'abril

Increïble: m'ha trucat.

Bé, exactament qui m'ha trucat ha estat en Justus. Al començament he pensat que passaria l'auricular a en BJ, perquè potser, a ell, li feia vergonya trucar-me, però no ha passat res de tot això. En Justus m'ha preguntat si em venia de gust acompanyar-lo a veure un partit de bàsquet.

Aleshores ho he vist clar. En BJ havia demanat

a en Justus que em convidés, per després ell anar-hi casualment i trobar-se allà amb mi. De manera que he dit que sí sense dubtar-ho. Tot i que naturalment no li he comentat que havia descobert el joc que duien entre mans tots dos.

Potser hi tingui a veure l'ós. Per a mi, millor així.

Jo tenia una pinta *superguai*: botes vermelles de xarol, una minifaldilla de ratlles vermelles i blanques i un top curt, molt petit, de color blau amb estrelles blanques, que em deixava l'estómac a l'aire. Era perfecte, semblava una bandera americana que caminava. Millor, així en BJ veuria que tots dos érem fans d'Amèrica i que estàvem en la mateixa ona.

Però quan en Justus m'ha vingut a buscar, s'ha quedat una mica parat i m'ha comentat que anàvem a un partit de bàsquet i no pas a una discoteca.

Jo li he contestat que aquell era el meu *look* habitual per anar al bàsquet i que sempre me'l posava quan anava a veure algun partit. Llavors, ell m'ha preguntat sobre noms d'equips de bàsquet i jo li he contestat que en aquell moment no se me n'acudia cap en concret, però que no em solia perdre cap partit.

En Justus ha somrigut amb picardia i ha dit que ja veia que estava feta tota una experta. Després ha afegit que seríem a tribuna i que el grup d'animadores ja estava complet, per si m'havia fet il·lusions...

Jo només li he somrigut i he dit:

—No et preocupis, sé el que faig.

Ell ha arrugat la cella i m'ha dit si no volia almenys lligar-me un xal al voltant de la cintura, que vestida així el més segur era que em refredés.

Quina idea! Jo em passo una hora sencera enganxant-me un tatuatge de la bandera americana al costat del melic perquè en BJ vegi que sóc pro Amèrica i en Justus va i em diu que me'l tapi amb un xal. Ni parlar-ne!

El partit ha estat genial, l'equip d'en Justus ha guanyat, hem begut Coca-Cola, hem menjat frankfurts i quatre espectadors s'han volgut fotografiar amb mi, i m'han preguntat a quin equip d'animadores pertanyia.

Tot ha sortit genial, encara que en BJ no ha aparegut, però jo no he volgut preguntar a en Justus per ell, perquè probablement s'hauria desil·lusionat en veure que jo havia endevinat la jugada.

És clar que tampoc no hi havia cap dels altres amics seus. Nosaltres érem els únics. Naturalment, no érem els únics espectadors, sinó els únics de la nostra escola.

En realitat, això m'ha fet pena; per una vegada que sortia amb un noi, va i no em veu ningú.

Estic realment preocupada per en BJ. Espero que no li hagi passat res.

Dilluns, 10 d'abril

En BJ és viu, tot va bé.

Només està una mica atordit. Ahir va tenir una actuació a la festa anual de l'Escola de Sant Lluís. Allà és on eren tots.

La Linda em va explicar que va ser allà amb la Serafina i les gallines. Per cert, aquestes dues s'han tornat a reconciliar. La Linda es va comprar un altre passador per als cabells i el va regalar a la Serafina, i li va demanar perdó per haver plorat pel passador antic. La Serafina va acceptar les disculpes i el passador nou, i la Linda la va poder acompanyar a la festa escolar.

I és que la Serafina opina que els nois de l'Escola de Sant Lluís són encara més guapos que els de la nostra escola. La Linda va dir que, malauradament, les noies també eren més maques que nosaltres i per això la Serafina gairebé es va tornar a enfadar amb ella. Però la Linda va afegir de seguida: «Tret de tu, Serafina». I la Serafina va quedar satisfeta.

Estic una mica decebuda amb en BJ. Com és possible que s'equivoqui de dates en una cita tan important?

Per donar una altra oportunitat a en BJ, he dit a en Justus que podríem anar aviat a veure un altre partit de bàsquet. A en Justus li ha semblat una bona idea.

Dimecres, 12 d'abril

Em sembla que l'osset ho ha fet tot malament.

He tornat a anar amb en Justus a veure un partit de bàsquet i en BJ no ha aparegut.

He de parlar urgentment amb la Klarafina. Però, com la trobaré? Si no tinc el seu telèfon, ni la seva adreça, ni cap altra dada seva. Només sé el seu nom de pila i això és massa poca cosa per poder contactar amb algú. Perquè difícilment puc anar a la policia i dir: «Estic buscant una senyora que xerra amb la seva bossa, menja un munt de gelats, es diu Klarafina i explica coses sobre óssos misteriosos.»

—Klarafina, on ets?

Dijous, 13 d'abril

Ha passat una cosa sensacional. Era a la biblioteca de la ciutat, i qui m'hi he trobat? No, en BJ no. La Klarafina. És clar que això no és pas el més sensacional, sinó el que m'ha explicat. Però anem a pams.

La Klarafina estava asseguda en una taula, menjant-se una copa de gelat. Enmig de la biblioteca, quina cara... A la vora hi tenia unes altres dues copes de gelat buides.

Jo m'hi he apropat i m'he assegut al seu costat.

Ella m'ha preguntat, amb to de retret, per què

no havia estat puntual, que havia arribat tard i que ara ja s'havia menjat la meva copa de gelat.

Si ni tan sols havíem quedat per veure'ns, però no l'hi he volgut dir d'una manera tan directa. Potser s'hauria enfadat. En comptes d'això, li he preguntat pel seu equilibri.

—Mirant-ho detingudament, el tres és un número màgic. Almenys per a nosaltres les bruixes —m'ha dit.

—Per a nosaltres les bruixes? —li he respost.

—Sí, Ioio. Ara tu també formes part de nosaltres.

Jo l'he mirada amb els ulls oberts com taronges i li he preguntat què volia dir.

—Però Ioio, no m'has explicat tu mateixa que aquest osset fa coses estranyes per a tu?

Això, per descomptat, és cert, té tota la raó.

—És un ós màgic. Però no fa màgia per a qualsevol. Està destinat únicament a les bruixes —ha dit, com si tal cosa, mentre es menjava la resta del gelat.

Aquesta s'ha tornat boja del tot, no me la crec. De segur que ha estat el gelat, la Klarafina ha tingut una pujada de sucre i està delirant.

Jo me n'he acomiadat de seguida i me n'he anat a casa a cuita-corrents.

Ostres, tio, si explico això a la mare..., la pobra..., començarà una altra vegada a lamentar-se que m'ha educat fatal, i és capaç fins i tot de retirar-se, ella soleta, la meva custòdia.

Divendres al matí, 14 d'abril

Una bruixa!

Quin disbarat! Que potser sóc la Blancaneu, o em dic Gretel? De debò. Quan era petita, ja no creia en el Pare Noel, només em faltava ara que em vinguin explicant històries de bruixes.

Però suposant, només teòricament, és clar, que hi hagués alguna cosa del cert en tot això... Diguem que jo sóc una bruixa i l'ós un ós màgic. I què? Vull dir, què suposaria això per a mi? Me n'he d'anar a viure al bosc en un cau de mala mort o en una caseta de xocolata? Em creixerà una berruga al nas? Canviaré la bicicleta per una escombra? Com viu una bruixa moderna? En un àtic de luxe? Va regularment a l'estetista a treure's les berrugues? Cavalca a sobre d'una aspiradora amb turbopropulsor?

Això és realment ridícul.

Em sembla que hauré de parlar un altre cop de tot això amb la Klarafina.

Divendres a la tarda, 14 d'abril

No he pogut trobar la Klarafina enlloc.

Ni tan sols a la biblioteca.

Però, ja que era allà, he agafat en préstec un munt de llibres sobre bruixes. Per cert, són dins l'apartat de Literatura femenina. Era un munt força gran i pesant. En realitat volia deixar que levités al meu costat, però després ho he pensat millor. Potser és més convenient que no ho sàpiga tothom, que sóc una bruixa. Bé, almenys fins que jo mateixa estigui segura de si ho sóc o no. Així que he portar els llibres a llom, com qualsevol mortal. I ara sóc aquí, davant dels llibres, i no sé per quin començar: *Atrapades en el seu propi encanteri, Quan l'escombra no estima com hauria de fer-ho, Malediccions de bruixes, comentades i lamentades,* o *L'ABC de la jove bruixa adolescent.*

La mare acaba de ser aquí, ha vist els llibres, m'ha tocat el front i ha murmurat que haurà d'anar amb mi al metge. He provat de tranquil·litzarla i li he dit que tot anava bé, que no tenia per què preocupar-se. Que probablement sóc una bruixa i que ho sabia de fonts ben informades. Que, si tenia cap desig i volia que jo fes màgia, només m'ho havia de dir.

S'ha quedat completament atònita i he hagut de jurar-li i perjurar-li que no parlaria d'això amb ningú. Vol consultar un especialista, a qui li podré explicar després tot això.

La mare té tan poca visió del món.

Diumenge, 16 d'abril

La Klarafina em fa gràcia. Em revela que a partir d'ara pertanyo a la societat de les bruixes i després s'esfuma. Fa dies que sembla com si se l'hagués empassat la terra.

Mentrestant, he pres una decisió: tractaré l'assumpte Bruixes de manera científica; començaré una sèrie de proves. O sé fer màgia o no en sé fer.

La primera cosa que he provat ha estat convertir les orelles de la Flippi en orelles de conill. Però no estic segura de si ha funcionat. La Flippi s'ha negat a ensenyar-me les orelles. Només em cridava que sortís de la seva habitació, es tapava amb les dues mans les orelles i deia fàstics de què m'importaven a mi les seves orelles i que si em faltava un cargol.

Ha hagut de passar una hora sencera abans que tingués l'oportunitat d'apartar-li d'una estirada els cabells de davant de les orelles.

Però llavors ja semblaven estar normals una altra vegada. Bé, potser estaven una mica més punxegudes i potser també una mica més peludes del que era normal..., però no he pogut veure-ho bé, perquè la Flippi tan bon punt ha pogut m'ha clavat un cop de puny a l'ull. Probablement la màgia de les bruixes novelles no dura gaire temps.

Després, he tornat un altre cop a la meva habitació i he continuat assajant. Allà he provat que les busques del rellotge funcionessin al revés. Però la veritat és que no he tingut gaire èxit.

Aleshores he recordat allò de l'ós. Potser he d'agafar-li la mà quan faci màgia. Així que he agafat l'ós i m'he concentrat moltíssim perquè les busques del rellotge es moguessin cap endavant. Ha funcionat de meravella.

D'acord. Després he dit a l'ós que la mare entri a la meva habitació i em digui que m'augmenta la paga.

I la mare ha entrat realment a l'habitació. Però el que ha dit ha estat que em posés a fer de seguida els deures.

En fi, almenys això de la màgia ha funcionat a mitges.

Em sembla que necessito practicar una mica més. Però ja sortirà. Potser l'ós encara s'ha d'acostumar a mi.

Demà me l'emportaré a l'escola. La primera víctima serà la Serafina.

Dilluns, 17 d'abril

El meu primer dia com a bruixa ha sortit d'allò més bé.

La primera cosa que he fet amb l'ós a la butxaca ha estat cantar les veritats a la Serafina, però ben cantades. Si es posa pesada, he pensat, la convertiré en un porc senglar.

Li he dit que ella era la pitjor amiga que es podia tenir. Que era egoista i dolenta, i qui la tingués com a amiga ja no necessitava enemics. I també que parés de presumir de ser millor que els altres. Que potser era una mica més maca que la majoria i portava roba de moda, però que això no era res del que valgués la pena presumir. I que a més a l'escola era força inútil. Que més li valdria estudiar en comptes d'estar contínuament tenyint-se els cabells. Després, he aguantat la respiració uns segons esperant a veure què passava, si em donava un cop de puny o què. Però no ha passat res.

No ha dit ni piu. Només se m'ha quedat mirant i, als ulls, hi ha començat a aparèixer una lluentor sospitosa, i aleshores se n'ha anat.

Tot seguit me n'he anat a veure la Linda i li he dit que fundaria un club propi. El club de les no besades. Totes les sòcies haurien de pagar cinc euros i la primera que faci un petó a un noi s'enduu tots els calés.

El millor del meu club és que cada una pot estar enamorada de qui vulgui i la que no vulgui no té per què estar-ne. Però els cinc euros, els has de pagar de tota manera.

La Linda ha dit que primer ho havia de parlar amb la Serafina i aclarir si per fer-se sòcia del meu club s'enfadaria.

Ai! A la Linda li queda tant per aprendre...

La idea del club propi me la va donar la mare. Ahir a la nit, després d'allò de la història de les bruixes, va tornar a entrar a la meva habitació perquè volia tenir una de les seves converses de mare a filla, com qui diu: «Si jo sóc la teva amiga, a mi em pots explicar qualsevol cosa». Jo volia tranquil·litzar-la, així que vaig ser generosa i vaig accedir.

Ella volia per tots els mitjans resoldre'm algun problema, però per més que hi pensava no me'n passava cap pel cap que fos adequat. Així que li vaig explicar allò de la Serafina i el seu club i que ella no m'hi volia i que sempre es portava malament amb mi.

La mare estava a la seva salsa.

Li encanta quan tinc problemes, perquè aleshores pot deixar anar tot el seu saber i em surt amb una quantitat de solucions molt fàcils. Em sembla que és aleshores quan veritablement se sent realitzada com a mare.

De manera que em va proposar de fundar el meu propi club i deixar la Serafina a fora. Així ella veuria com se sent un.

No és mala idea, tenint en compte que ve d'una mare. Potser encara faré carrera amb ella.

Quan després em va preguntar si amb això havia solucionat allò de ser bruixa, vaig tenir la sensació que era millor dir que sí. Tot seguit ella va arreplegar tots els llibres de bruixes i va dir que els tornaria l'endemà a la biblioteca. Jo no havia llegit encara ni un sol dels llibres, però com que havia de tenir molta cura amb la mare, vaig fer com si hi estigués d'acord. Com que de tota manera puc recuperar-los sempre que vulgui amb la meva màgia...

A ella se li va treure un pes del damunt i se'n va anar a l'habitació de la Flippi. Probablement, estava fent una cosa així com una ronda maternal per veure els seus nadons i ara li tocava comprovar si la Flippi mostrava cap possible anomalia.

Però amb la Flippi ho té clar, li pren el pèl tot el que vol i més.

Quan la Flippi fa cap entremaliadura, a la mare, gairebé sempre i antipedagògicament, no se li acut cap altra cosa que dir que és una joia.

Com quan la Flippi va vendre el llibre de Matemàtiques als encants.

La Flippi volia per tots els mitjans posar la seva parada als encants i li va estar donant la pallissa fins que ella l'hi va permetre.

La mare va dir:

—Però amb la condició que només vendràs coses velles i sense gens de valor.

—És clar —va contestar la Flippi.

Però com que això per a ella no vol dir res...

Jo per si de cas vaig mantenir la porta de la meva habitació dos dies tancada i barrada, perquè la Flippi no té escrúpols.

Uns dies després, la professora de la Flippi va trucar a casa tota indignada per protestar sobre la manera que tenia la mare de tractar la propietat de l'escola.

Al llarg de la conversa va resultar que la Flippi havia explicat a la professora que no havia pogut fer els deures de Matemàtiques perquè la mare li havia dit que vengués el vell llibre de Matemàtiques als encants i que la mare no admetia coses velles a la seva habitació.

La professora estava molt enfadada i va fer a la mare tot un discurs dient que aquell llibre feia moltes generacions que pertanyia a l'escola, que a la mare no li corresponia jutjar sobre un llibre així, i que era molt valuós.

La mare li va contestar que no devia ser tan

valuós quan a la Flippi només li n'havien pagat sis euros. Però que no es preocupés que de bon grat els ingressaria al compte de l'escola. I es va quedar tan tranquil·la.

De vegades la mare és francament *guai*. No tenia ni idea de tot aquell assumpte, però es va enfadar pel to tan insolent que va emprar la professora i sense pensar-s'ho dues vegades va defensar la Flippi.

Després, com és natural, va esbroncar la Flippi i també va haver de comprar un altre llibre de Matemàtiques, però realment furiosa, furiosa, amb la Flippi no s'hi va posar.

Tanmateix, quan jo també vaig vendre als encants el llibre de poemes de l'escola, perquè jo odio els poemes, gairebé li ve un atac.

El meu cas ja era una altra cosa completament diferent. I només perquè tinc uns anys més.

I això que ni tan sols tinc la pubertat, de manera que encara estic sota la protecció de la llei del menor.

Dimarts, 18 d'abril

La Serafina m'odia. Des d'ahir. Per haver gosat parlar-li d'aquella manera.

Per alguna cosa es comença. M'ho ha explicat la Linda. D'amagat, quan la Serafina no era a la vora. Perquè des d'ara les gallines no poden parlar amb mi.

La Linda diu que la Serafina també ha prohibit al seu germà Justus que parli amb mi.

Per alguna raó, allò del meu club no va gaire bé. Jo en sóc l'únic membre i això és força avorrit.

Típic, a qui se li acut d'acceptar els consells de la mare. Des de la seva època ja ha passat massa temps i de segur que ha confós algunes coses. A més, de tota manera, avui en dia ha canviat molt tot.

Hauria d'obligar la mare que es fes ella mateixa membre del meu club i que pagués cinc euros. Però com que a ella ja li han fet petons... Bé, també podria canviar el nom del meu club pel de club de les besades i no besades de fa temps. Perquè des que se'n va anar el pare, a la mare, de segur, de segur que ningú no li ha tornat a fer cap petó, i d'això, ja en fa segles.

Un moment..., és això. Aquesta és la idea del segle. Fundaré un club que busqui nous marits per a mares. Perquè si la mare tingués un nou marit, em deixaria en pau, n'estic segura. Aleshores tindria els seus problemes i no provaria de resoldre sempre els meus.

Posaré un anunci al diari.

Potser la Klarafina també vol ser membre del meu club.

O potser seria millor oblidar tota la història del club i disculpar-me amb la Serafina?

Dimecres, 19 d'abril

En realitat, em volia disculpar amb la Serafina.

A l'hora del pati m'hi he acostat i he dit:

—Hem de parlar.

Duia la mà dins la butxaca. De sobte he notat l'ós a la mà i en aquell mateix instant he canviat d'opinió.

Una bruixa no s'ha de disculpar. Així que he continuat parlant:

—Si et disculpes i no solament amb mi, sinó també amb totes les altres, aleshores tornaré a parlar amb tu.

A la Serafina se li han obert uns ulls com taronges i ha començat a dir fàstics amb la veu estrident de la ràbia que li ha entrat. M'ha dit que qui em pensava que era. I que a ella no li podia parlar així.

Pel que sigui, això no m'ha commogut gens. Jo només li he somrigut i he afegit:

—Pensa-hi, menuda.

He fet mitja volta i me n'he anat.

Adoro ser bruixa, així ningú no et pot fer res.

Dijous, 20 d'abril

En Justus m'ha tornat a trucar i m'ha preguntat si vull anar amb ell a veure un partit de bàsquet. Així m'agrada, almenys no es deixa intimidar per l'estúpida de la seva germana.

Però jo li he dit que no vull anar un altre cop al bàsquet. Allà no hi ha manera que hi aparegui en BJ. Per alguna raó l'ós no ho aconsegueix. Així que, per posar-l'hi fàcil, he dit a en Justus que m'agradaria anar a una de les actuacions del grup d'en BJ.

—Però allà també hi seran els altres —ha contestat en Justus.

—Doncs és clar —he dit jo.

I he pensat: «Sobretot en BJ».

En Justus s'ho ha hagut de pensar un moment, però després hi ha estat d'acord. He dit que en aquest cas, potser era millor que ens trobéssim allà. I quan jo li he preguntat per què, ha començat a grunyir i a rondinar, però finalment ha dit:

—D'acord, et passaré a buscar.

Que estranys que són els nois!

Bé, ara l'ós ja pot posar fil a l'agulla. No crec que sigui gaire difícil fer que aparegui en BJ en el seu propi concert.

Per cert, és possible que jo estigui patint una cosa semblant a una *Justusal·lèrgia*. Per alguna raó no se m'assenta gaire bé perquè, cada cop que em truca o que em trobo amb ell, sento un estrany pessigolleig a l'estómac i em noto una mica marejada.

Divendres, 21 d'abril

La missió secreta «un home per a la mare» ja està en marxa.

La veritat és que no ha estat gens fàcil. He anat amb la Flippi al diari, però allà s'han negat a publicar un anunci posat per dues nenes. I això que la Flippi ha reaccionat de seguida amb una de les seves genialitats espontànies, assenyalant-me amb el dit i dient-los que jo no era cap nena, que era una adulta i que era la seva mare. Quan ha vist que l'home m'ha mirat primer de dalt a baix, i després a ella amb la cara d'interrogant, la Flippi ha afegit, més freda que el glaç:

—La meva mare té problemes de creixement. Però està en tractament.

Aleshores, jo he volgut corroborar la meva autoritat com a mare i li he donat una clatellada alhora que li deia:

—No siguis tan descarada, menuda.

Però la Flippi s'ha ofès tant que ha perdut els papers, m'ha clavat un cop de puny al braç i m'ha batejat amb un *foca de pantà.*

Jo he provat de somriure i he dit a l'home:

—Això passa per ser tan liberals en l'educació dels nens.

Però ja no hi havia res a fer. Aquell senyor ens ha fet fora.

És clar que no ens donaríem per vençudes tan aviat. Des de casa hem posat l'anunci per telèfon. Tot i que hem hagut de trucar dos cops, perquè el primer hi he trucat jo i, encara que he provat de canviar la veu, m'han preguntat l'edat. Després hi ha trucat la Flippi i li ha sortit brodat. La Flippi té aquell to de fons a la veu que no permet una negativa.

De manera que l'anunci ja està posat i la cosa està en marxa.

La Flippi i jo estem tan nervioses com si les que ens haguéssim de casar fóssim nosaltres.

Dijous a la tarda, 27 d'abril

Fracàs total.

Els candidats a nòvios per a la mare han estat aquí. Nosaltres no havíem explicat res a la mare, perquè es comportés amb tota naturalitat i no es posés nerviosa. Penso que potser quan una s'ha de trobar amb l'home amb el qual després es casarà, es pot posar nerviosa i començar a dir ximpleries. I com que la mare habitualment ja acostuma a dir bajanades, he pensat que potser seria millor no dir-li res, per no posar-la més nerviosa. Però no ha servit de res. La mare ho ha espatllat de tota manera.

Per cert, que la meitat del que va costar posar l'anunci ho vaig fer pagar a la Flippi, ja que també és en benefici seu que la mare torni a tenir els seus propis problemes. La Flippi va acceptar-ho sense dir ni piu. De segur que últimament la mare li ha degut donar força la tabarra.

Així que la Flippi i jo ens hem posat a l'aguait.

Per ser més exactes, ens hem estat al passadís fent el ronsa, esperant a veure què passava. Mai no se sap. Potser la mare necessita ajuda. Com que ja ha passat tant temps des de la primera vegada que es va casar...

Ha sonat el timbre de la porta. La mare ha cridat que jo anés a obrir. Però aquell no era el pla. Ella havia d'obrir la porta perquè el candidat a nòvio s'enamorés a primera vista de la nostra mare.

Així que li he dit que jo no podia. Aleshores ha cridat la Flippi, i ella també ha dit a crits que ella tampoc no hi podia anar.

La mare ha sortit disparada i completament estressada de l'habitació de cosir. Abans d'obrir la porta ens ha renyat i ens ha dit que a què jugàvem i que, si estàvem fent el gandul pel passadís, també podríem haver obert la porta.

La Flippi li ha contestat que s'havia accidentat les dues mans i ha aixecat les peülles amb aire de dolor.

Vaja, aquesta era la meva excusa. Així que quan la mare m'ha preguntat per quina raó no podia jo obrir la porta, li he contestat que em feien molt de mal les cames i no podia caminar. Reconec que no ha estat gaire bona excusa, però realment no se me n'ha acudit cap altra de millor.

De manera que se n'ha anat força malhumorada a obrir la porta, amb la cinta mètrica penjada al coll, el coixinet de les agulles col·locat al braç i cinc agulles enganxades a la boca. Jo he volgut prendre'ls-hi i he intentat que es pintés una mica els llavis abans d'obrir, però ella m'ha apartat del mig amb un moviment de mà. El cert és que no estava gaire impressionant, que diguem.

Ella ha obert la porta.

I, de sobte, només he vist un home amb un gran ram de flors. Un d'aquells grassos i vells, d'uns quaranta anys si fa no fa, si no és que en tenia seixanta. Amb la pinta que feia, podria haver estat just el que estàvem buscant. «Amb aquest de segur que tindria un munt de problemes», he pensat.

L'home semblava força nerviós, suava, s'ha escurat el coll, li ha posat el ram de flors davant dels nassos i li ha fet una discreta reverència.

—Bona tarda, sóc Ferran Fruitós. Vinc per l'anunci.

La mare s'ha quedat mirant el senyor Fruitós una mica nerviosa. S'ha pensat que venia a vendre-li les flors i li ha dit que ella no necessitava flors.

El senyor Fruitós li ha somrigut, però ha continuat oferint-li les flors.

—M'agrada la modèstia en les dones. Bé, ja tenim una cosa en comú.

I ha avançat una mica. Però la mare li ha barrat el pas. Encantadora! Definitivament, aquesta dona ja no sap com conquistar un home.

El senyor Fruitós s'ha començat a posar més nerviós encara, ha tornat a escurar-se el coll i ha fet un altre intent:

—Sap, jo em veig a mi mateix com un jardiner i...

Tot d'una la mare s'ha pensat que ja sabia de què es tractava.

—S'ha degut equivocar de porta. La senyora Luppe, la veïna d'aquí a la vora, és la que busca un jardiner.

Ha provat de tancar-li la porta als nassos, però el senyor Fruitós no es donava per vençut. Ha posat el ram de flors per la clivella de la porta just abans que es tanqués i ha xiuxiuejat:

—Que bé, també té sentit de l'humor. De segur que ens entendrem bé.

De sobte a la mare se li ha il·luminat la cara i ha tornat a obrir la porta:

—Oh, perdoni'm. Vostè deu ser un nou conductor del teatre, oi? Però encara no ho he acabat. Com que van dir que fins avui a la tarda no vindrien a buscar les coses...

El senyor Fruitós ha contestat:

—Si vostè vol anar al teatre i això la distreu, per mi no hi ha cap problema. Ja ho deia vostè en l'anunci: «Busco un home que em distregui», i jo sóc justament aquest home.

Per fi, la mare ha començat a entendre la situació. Ni de bon tros li ha demanat que entrés, s'ha girat cap a nosaltres i ens ha fet una mirada fulminant. La Flippi no té cap problema a aguantar aquella mirada amb cara de no haver trencat mai un plat en sa vida. Però jo sí. I la mare ha sabut el que volia saber.

S'ha girat un altre cop cap al senyor Fruitós i li ha dit que ho sentia molt, però que es tractava d'un malentès i li ha tancat la porta; el senyor Fruitós no ha tingut temps de salvar el ram.

Després s'ha girat cap a nosaltres. Nosaltres hem provat d'escapar-nos ràpidament a les nostres habitacions, però ha estat massa tard. Ens ha fet l'alto. Furiosa com estava, s'ha posat de braços creuats, i aleshores ha començat a dir que volia una explicació immediatament.

La veritat és que a mi ni se m'havia acudit que la mare pogués demanar-nos explicacions. Vaig pensar que ella veuria un home, se n'enamoraria, es casarien, i la Flippi i jo tornaríem a tenir tranquil·litat. Però no estava en absolut preparada per a aquesta reacció.

He mirat la Flippi. Estava mirant-se les ungles.

Cap de nosaltres ha badat boca. I tot això podia anar per llarg, perquè la mare té una paciència de sant. Si insistíem a no dir res, era capaç de deixar-nos allà dretes durant tres setmanes.

Jo ho he pensat uns instants i m'he dit que per què no provava d'explicar la veritat. No és gaire creatiu, però sempre és millor que arrelar al passadís. Així que he començat:

—Bé..., és que vam pensar..., com que sempre estàs tan sola..., i treballes tant..., doncs que vam pensar...

Malauradament, no vaig arribar a dir res més.

—Posar un anunci, oi? —ha dit la mare arrugant la cella.

Mentrestant la Flippi ja s'ha deixat anar una mica i ho ha intentat també amb la tàctica de la veritat, però desafortunadament ha especificat:

—Un anunci de matrimoni!

La mare ha inspirat profundament i ens ha volgut renyar, però la Flippi l'ha mirada amb cara d'innocent, això ho sap fer molt bé, i jo l'he mirada amb cara de penediment, això ho sé fer molt bé. Després ens ha somrigut emocionada i ha dit:

—Però nenes, això no es fa així. Per casar-se cal fer més coses.

La Flippi ha preguntat:

—Com ara què?

La mare ha respost:

—Bé, doncs, per exemple romanticisme. Això és molt important. I després...

No li ha donat temps de continuar, perquè ha sonat el timbre un altre cop. Ella ens ha fet una mirada amenaçadora com si digués: no deu ser una altra vegada...?, i ha obert la porta. Aquest cop era el senyor Baumann, el meu professor de Matemàtiques, amb una capsa de bombons a la mà. De moment m'he quedat petrificada de l'ensurt, però les cames no han trigat a tornar a funcionar. He sortit del mig com un llamp.

La Flippi se li ha acostat i li ha xiuxiuejat que fos molt romàntic, que a la mare això li agradava molt.

A la mare se li ha tret un pes de sobre en veure que es tractava del professor de Matemàtiques i no un altre candidat que volia casar-se amb ella. L'ha rebut amb una exagerada amabilitat i l'ha convidat a entrar.

La Flippi l'ha estalonat.

La mare li ha ofert alguna cosa per beure, ell ha mirat la Flippi, que l'ha animat assentint amb el cap i ha pronunciat de manera inaudible amb els llavis la paraula *romanticisme.*

I aleshores s'ha llançat:

—On bevem, on estimem, allà es troba el món, ric i lliure.

La mare se l'ha quedat mirant una mica desconcertada, ha tornat a deixar la gerra del cafè damunt la taula, ha anat a buscar un suc de poma i ha dit:

—Potser li anirà millor un suc. De segur que ja deu haver pres força cafè.

La Flippi ha vingut corrents a la meva habitació amb el polze enlaire com a senyal que tot rutllava com la seda.

Jo me l'he quedat mirant espantada i li he explicat que aquell era el meu professor de Matemàtiques. Però a la Flippi aquest detall encara li ha agradat més.

—Que bé! Aleshores, si es casa amb la mare, et posarà una bona nota a Matemàtiques.

Jo li he contestat que ja tenia bones notes a Matemàtiques, que de cap manera li diria *pare* i que odiava tenir un professor a la família, que això era superfastigós i que tornés immediatament a la sala per evitar el casament.

La Flippi se n'ha anat corrents i aquí m'estic jo mossegant-me les ungles.

Dijous, una mica més tard, 27 d'abril

Tot va bé, allò ha sortit malament.

Ja no li hauré de dir *papa*. La Flippi m'ha explicat que el senyor Baumann ha deixat anar un munt de ximpleries i fins i tot li ha recitat una poesia: «Ets com una flor, tan pura, tan bella, tan plena de color. Et miro i una estrella neix al meu cor, tot il·luminant-lo amb una llum esperançadora.»

També m'ha dit que després d'això la mare s'ha preocupat molt i, quan ell se li ha posat de genolls i se li ha declarat demanant-li la mà, li ha caigut la bena dels ulls i li ha dit que ho sentia moltíssim, que tot allò era una terrible i lamentable equivocació. I que en realitat el que pretenia era posar un anunci per... per... vendre una aspiradora. I com qui no vol la cosa, li ha preguntat si hi estava interessat. Per al senyor Baumann ha estat tot tan vergonyós que ha comprat l'aspiradora a la mare.

I ara la mare està enfadadíssima, perquè ens hem quedat sense aspiradora.

Ni que fos culpa meva. Que s'hagués inventat qualsevol altra excusa.

La Flippi ha proposat que potser la mare podria comprar al senyor Baumann la seva aspiradora, ja que ara en devia tenir dues i de segur que en realitat no estava interessat en la nostra aspiradora, sinó que tan sols l'havia comprada per despistar que volia casar-se amb la mare. Tret que la mare, és clar, hagués canviat de parer i decidís casar-se amb ell. En aquest cas, ja l'hauríem recuperat novament. Tot i que, ben mirat, aleshores també tindríem dues aspiradores...

En aquell punt la mare ha començat a cridar com una histèrica i ens ha dit que les dues ens n'anéssim immediatament a les nostres habitacions i que no en sortíssim fins que no haguéssim fet els divuit anys.

I per a mal de mals, el senyor Baumann s'havia tornat a endur els bombons. Ara que m'haurien anat la mar de bé, com a aliment per als nervis. I potser fins i tot em sortirien grans a causa de la xocolata.

Ni bombons, ni grans, ni aspiradora, ni nòvio per a la mare ni res, quina relliscada.

Divendres, 28 d'abril

M'he tornat a reconciliar amb la mare.

És molt fàcil. Només cal entrar a la seva habitació de cosir, asseure's una estona al seu costat i dir-li que bé que ho fa tot i que, quan siguis gran, vols fer el mateix que ella. I si a sobre li dius que l'estimes molt i que és la millor mare del món, aleshores tot torna a ser de color rosa.

Ho havia de fer urgentment, perquè demà és el concert d'en BJ i jo vull anar-hi amb en Justus. I per poder-hi anar necessito tenir una mare de bon humor.

Per estar més segura que sigui així, li he demanat consell per veure què em posava per al concert. De seguida s'ha entregat del tot. Li encanta que li preguntin la seva opinió. Després s'ha passat una hora posant-me roba damunt de les espatlles, fent dissenys i frunzint volants, fins que li he dit que no volia que es prengués tantes molèsties, que em posaria qualsevol cosa que tingués a l'armari, però ella no n'ha volgut sentir parlar i ha insistit a cosir-me alguna cosa.

Bé, una cosa no es pot negar: faig grans sacrificis per tornar a acontentar la mare.

Serà millor que demà m'emporti la motxilla amb roba normal. Per si de cas, així em podré canviar pel camí, en qualsevol indret. Amb la mare mai no se sap si la creativitat se li escaparà de les mans.

No fa gaire, quan vaig anar amb la classe a teatre, em va dissenyar un vestit curt de rococó. Gairebé em moro de vergonya. Semblava com si se m'hagués oblidat d'acabar de vestir-me.

Quan vaig anar a deixar l'abric al guarda-roba, un senyor gran em va tapar ràpidament les cames amb la seva americana, perquè es pensava que no duia faldilla. Jo vaig provar de convèncer-lo que el volant que hi havia sota el melic era realment la faldilla, però es va quedar tan consternat i em va deixar tan neguitosa, que vaig tornar a demanar l'abric.

Em vaig passar dues hores asseguda al teatre amb l'abric posat.

Ni tan sols això va ser fàcil, perquè l'acomodadora em va indicar que el guarda-roba era a la planta baixa i que primer havia de deixar-hi l'abric. Però aleshores jo vaig obrir l'abric i li vaig explicar que amb la pressa havia tingut una petita distracció. Ella només va fer que sí amb el cap i em va tornar a tancar ràpidament l'abric.

Amb els dissenys de la mare s'ha d'estar sempre preparat, per si de cas...

Però això sí, és francament convincent. En qüestió de gustos no permet que li portin la contrària. Això ho ha degut aprendre de la Flippi.

Me'n faig creus, com és possible que aconsegueixi una vegada i una altra convèncer-me que em posi les seves absurdes creacions.

Diumenge, 30 d'abril

M'ho he passat taaan bé.

He estat amb en Justus al concert d'en BJ. En BJ és taaan guapo! Mentre cantava, ha estat tota l'estona mirant-me. Més tard s'ha acostat a en Justus i a mi, m'ha contemplat detingudament el pentinat, i m'ha preguntat si havia tingut cap problema per aconseguir una bona entrada.

La veritat, d'en BJ esperava més coneixements sobre moda. Jo portava un pentinat *supermegaguai*. M'havia costat més de dues hores aconseguir-lo. La primera cosa que he fet ha estat cardar-me'l i deixar-me'l de punta, per allò del volum. Sé per la Linda que enguany el volum està molt de moda, bé, segons la Serafina, és clar. Però si ella ho diu, deu ser veritat. Després m'he pintat les puntes de colors diferents i m'he enganxat flors petites entre els cabells.

Fins i tot a la mare li ha agradat. Ha dit que semblava una *FlowerPowerGirl* dels seixanta. Això hauria d'haver-me posat en alerta. Sempre que a la mare li agrada una vestimenta o un pentinat, se sap del cert que un no ha encertat gens el *look.*

Però ja no em quedava temps, perquè en Justus era a punt d'arribar.

En Justus m'ha preguntat que per què m'havia fet el pentinat de *Songoku.* Jo li he contestat que la mare hi havia insistit, que d'altra manera no m'hauria deixat sortir de casa. Encara que a en Justus li va xocar, no se'n va estranyar gaire. Ell ja sap que no som una família, diguem, normal.

Però malauradament m'ha passat una altra cosa molt vergonyosa. Quan en BJ s'anava acostant a nosaltres, m'he ficat ràpidament la mà a la butxaca de la jaqueta per agafar un caramel de menta. Ja que un alè fresc és la primera condició perquè algú se n'enamori d'una. Però amb els nervis no he agafat el caramel, sinó un botó vell d'un abric. Quan m'he adonat de l'equivocació, ja era massa tard per tornar-me'l a treure de la boca. Així que allà m'estava jo, com una pàmfila, amb un botó a la boca. El pitjor és que el botó m'inflava molt la galta i a més no em permetia de parlar bé.

I quan a sobre ens n'hem anat tots junts a menjar un frankfurt, he hagut d'intentar menjar amb el botó a la boca. Aleshores en Justus m'ha preguntat si no volia treure'm el botó de la boca, almenys per menjar. Quina vergonya!

Hi ha una cosa d'en Justus que veritablement em crispa els nervis: sempre que apareixen els seus amics, ha de deixar anar alguna de les seves ximpleries perquè tots es puguin riure de mi. Tret d'això, és força agradable.

Però no acostumo a tenir problemes amb les ximpleries, en això jo me n'enduc la palma.

Així que he murmurat que el meu dentista m'havia recomanat que fes això abans de cada àpat, que era un bon entrenament per a les dents. En Justus no ha dit res, però en BJ s'ha posat a riure per les butxaques i ha dit a en Justus que patia un veritable trastorn del bon gust.

A mi m'ha semblat molt bé que en BJ volgués defensar-me, però crec que no se n'ha sortit gaire bé.

Potser en Justus és fins i tot més agradable que en BJ?!

Per cert, que la nova creació de la mare per a mi ha estat un èxit total. Ho he sabut perquè ningú no me n'ha dit res. Estic molt agraïda a la mare.

Va dir que el meu pentinat l'havia inspirat. Perquè, quan el va veure, va apartar de seguida el vestidet de còctel que m'havia fet, em va embotir en uns texans, va treure d'entre les seves coses una samarreta vella amb el símbol de la pau al davant i em va posar per damunt un vella armilla de colors. Va dir que així semblava autèntica.

Tot i que jo més aviat penso que amb aquesta pinta semblava com si volgués anar a aturar un transport de residus nuclears, m'he alegrat, no obstant això, de no haver hagut de posar-me el vestidet de còctel.

Dimarts, 2 de maig

La Flippi és un desastre de debò.

Avui ha trucat la mare d'un nen de la seva classe per queixar-se d'ella.

De segur que ha estat alguna cosa grossa, perquè la mare ha tingut feina per trobar-hi una explicació. Al començament, fins i tot ha intentat negar que la Flippi era filla seva... Però l'altra mare no s'ha deixat despistar, així que la mare ha acabat dient:

—Que estrany, doncs no em puc imaginar una cosa així de la Flippi. No és el seu estil.

Ah, de la Flippi, un es pot creure qualsevol cosa. La mare s'hauria de donar per vençuda. Tant és el que hagi passat, estic completament segura que ha estat la Flippi.

Després de la conversa telefònica, la mare ha corregut cap a l'habitació de la meva germana i li ha preguntat què havia passat amb en Jan, el de la seva classe, que sigui dit de passada li treu un cap a la Flippi.

Resulta que en Jan està colat per la Flippi. I no se li ha acudit pensar altra cosa que plantar-se davant de la Flippi amb una rajola de xocolata a la mà i un ram de pensaments a l'altra, i preguntar-li si volia sortir amb ell.

I què ha fet la meva germaneta?

Li ha clavat una pallissa. De debò. Li ha donat una manta de pals, i després, li ha dit que si volia que ella continués jugant a futbol i col·leccionant cargols amb ell, que no digues aquestes bajanades tan fastigoses. Després també l'ha insultat, l'ha tractat d'assassí de flors i ha insistit que les tornés a plantar.

Naturalment s'ha quedat la rajola de xocolata i ha dit a en Jan que si estava disposat a disculpar-se per aquesta lamentable actuació, ella estaria disposada a compartir la xocolata amb ell.

La mare ha comprès l'argumentació de la Flippi i ha acabat dient-li que fes el favor de no pegar sempre nois més grans, que li feia vergonya haver d'aguantar les queixes de les altres mares.

La Flippi només li ha contestat lacònicament que no l'hi podria prometre, però que hi faria un esforç.

Increïble.

I jo vaig tenir un munt de problemes, perquè a segon vaig dir a la Caterina que no volia ser amiga seva. A la mare allò li va semblar una desconsideració i em va obligar a disculpar-me.

D'això que fa la mare, se'n diu no donar el mateix tracte a tothom. Bé, així és com es diria si un vol ser cortès. Però si es volen dir les coses pel seu nom, la manera com em tracta la mare és una injustícia tan pudent que crida al cel.

De manera que no és estrany que em mogui sempre a la vora d'una depressió.

Dimecres a la tarda, 3 de maig

No sé per què, però tot sembla embruixat.

En Justus volia anar amb mi al cine. Però m'ha demanat si us plau que no tornés a mastegar botons i que tampoc no feia falta que perdés tant de temps amb el meu pentinat, perquè si no, de segur que tindríem problemes amb els espectadors del darrere, que contínuament em demanarien que em tragués el barret perquè els tapava la pantalla. Ha dit que no tenia cap problema a explicar-ho a la mare, si hi posava traves.

Al començament hi volia anar, però després he recordat que m'havia de quedar davant el telèfon esperant, ja que havia fet màgia perquè en BJ em truqués.

Ben pensat és una llàstima. Però he dit a en Justus que no podia ser. De primer no ha dit res, i després m'ha preguntat si és que tenia uns altres plans. Jo li he contestat que no, que era perquè havia d'ajudar la mare a fer cogombres en conserva.

Jo què sé per què se m'ha acudit això. Si avui en dia ja no hi ha ningú que faci cogombres en conserva. Tothom els compra al supermercat.

És clar que allò del telèfon i en BJ no l'hi he dit. La veritat és que no sé per què.

El cas és que a la tarda estava asseguda davant el telèfon, amb l'ós a la mà estrenyent-lo i estrenyent-lo, i esperant. Fins que finalment ha sonat el telèfon. I qui era? Això no ho endevina ningú: la Serafina.

L'ós deu tenir algun defecte, jo li demano que em truqui en BJ i, en comptes d'ell, em truca la Serafina.

Bé, tant és. La Serafina volia saber si tenia ganes d'anar avui a la gelateria i m'ha dit que en BJ i els altres també hi serien.

Ahà, he pensat, l'ós sí que funciona. Però malauradament fa marrades. En fi, com que encara és molt petit, no li deuen sortir els sortilegis gaire bé.

Així que en marxa cap a la gelateria, als braços d'en BJ.

Dimecres a la nit, 3 de maig

Fracàs total.

No hi havia ni una ànima a la gelateria, així que m'he assegut i he esperat. Fins que ha arribat en BJ. Tal com m'havia suposat, ha estat massa tímid per asseure's amb mi a la taula. Se n'ha anat a la barra.

Davant la gelateria hi havia la Serafina amb el seu germà a ròssec. Ella assenyalava amb el dit en BJ i després a mi, i a l'inrevés. En Justus primer m'ha mirat amb estupefacció; més tard, enfadat, i finalment, ha fet mitja volta i se n'ha anat.

La Serafina ha somrigut amb aire de triomf, ha vingut tranquil·lament caminant cap a la gelateria i s'ha assegut al costat d'en BJ. Ell l'ha vista, ha mirat el rellotge i li ha preguntat pel seu germà. La Serafina ha arronsat les espatlles.

En BJ estava una mica mosquejat i ha preguntat què passava, que ella li havia trucat perquè anés a la gelateria ja que en Justus volia parlar amb ell sobre una cosa molt important, i que ara el qui no venia era ell. La Serafina ha afirmat amb tota la seva cara dura que ella no sabia on era en Justus, però que si ell volia ella deixava que la convidés a una Coca-Cola.

Per alguna raó he tingut la sensació que allà n'estava passant alguna i que la causant de tot era la Serafina.

«Té pinta de cabra malvada», he pensat, i de seguida se m'ha acudit la idea apropiada. Faré que brami com una cabra. Jo he estret amb força l'ós i he desitjat que en el seu coll niués el bram d'una cabra.

Ja veuràs com fa el ridícul davant d'en BJ, he pensat mentre somreia amb malícia.

Però la Serafina no ha dit ni paraula, només mirava en BJ amb ulls de vedella amb mal de panxa.

En canvi, en BJ ha mirat la Serafina de dalt a baix, s'ha girat i abans d'anar-se'n li ha preguntat:

—No deu ser una altra malifeta teva, oi?

Jo havia d'evitar per tots els mitjans que en BJ sortís de la gelateria per culpa d'aquella cabra malaltissa. Per això m'he aixecat d'un bot, amb la mala sort de quedar-me enganxada amb la corretja de la motxilla a la pota de la cadira. M'he quedat enxampada, la cadira s'ha tombat, jo he caigut i, si no n'hi havia prou, també he vessat el meu got de Coca-Cola.

En BJ s'ha girat, ha mirat amb cara de maldestre, ha somrigut amb sorna i se n'ha anat. I la Serafina s'ha posat a riure. Ha sonat com el bram d'una cabra. Però, mala sort, en BJ ja no l'ha pogut sentir.

Dijous, 4 de maig

En Justus està enfadat amb mi.

Avui a l'escola se m'ha acostat i m'ha dit que si jo no tenia ganes de sortir amb ell, que l'hi digués clarament i que no el mentís. Ha dit que estava agraït a la seva germana per haver-li obert els ulls.

Aquest s'ha tornat boig del tot o què? És la primera vegada que em diu una cosa agradable de la seva germana. I el pitjor és que no sé de què està parlant. Abans que pogués preguntar-l'hi, ja s'havia girat i se n'havia anat.

No havien passat ni dos segons quan ha aparegut en BJ, m'ha somrigut i m'ha dit:

—Què, avui en vertical?

En Justus l'ha vist i la seva mirada s'ha tornat encara més enfadada. Amb la seva absurda mirada m'ha espatllat l'alegria que he sentit per l'intent d'apropament d'en BJ. Es deu haver enamorat en BJ ara realment de mi?

La Linda m'ha explicat que la Serafina havia dit que amb els nois les coses són així: com més descarat és el seu comportament, més enamorats estan d'una noia. Probablement només falti que en BJ se n'adoni i aleshores tot anirà com la seda. Però, com que és un noi, això pot durar una eternitat.

Perquè els nois no són precisament unes fures en això d'adonar-se de les coses. Sobretot, quan es tracta dels seus propis sentiments. Nosaltres, les noies, en canvi, dominem aquestes coses a la primera. Sabem de seguida el que passa, reconeixem els nostres sentiments i també els dels nois.

Per alguna raó em trobo força malament, com si necessités plorar. Però naturalment no ho faré. I tampoc no trobaré a faltar en Justus. Això de segur que no. Mai de la vida. Puc conquistar en BJ sense la seva ajuda, per descomptat. Al cap i a la fi, tinc el meu ós i sé fer màgia.

Divendres al migdia, 5 de maig

Tot arreglat.

Tinc en BJ pràcticament assegurat. Cantaré al seu grup.

En BJ participa demà passat en un concurs de talents i la Feli, la vocal del grup, té una laringitis. Avui he llegit la convocatòria d'en BJ al tauler d'anuncis. Totes les qui estiguin interessades a substituir com a cantant la malalta Feli que es presentin aquesta tarda per a una prova.

Ves que pensa aquest ós! Jo dic que vull cantar al grup d'en BJ i ell fa que aparegui la Feli amb mal de coll. La veritat és que és una mica malvat. La Feli em fa llàstima, però les bruixes no ens podem permetre de ser sentimentals.

Una de les meves col·legues un cop fins i tot es va empassar un nen petit. No crec que Gretel pogués salvar Hansel a última hora.

Bé, sigui com sigui, ara ja me n'he d'anar a la prova i cantar. Per cert, que tant m'és que en Justus estigui enfadat amb mi.

Divendres a la nit, 5 de maig

Ostres, quina allau! Hi han assistit totes les noies de l'escola.

Quan han arribat en BJ i el seu grup, han hagut d'obrir-se pas a través d'una enorme massa de gent que volia ser cantant. En BJ s'ha posat de mal humor i ha comentat que allà tindrien feina almenys dues setmanes. Però tot ha estat molt més ràpid.

En primer lloc, ha descartat totes les noies menors de dotze i més grans de quinze anys, les quals han protestat, però han tocat el dos.

Després, en BJ i els nois han desaparegut al soterrani dels assajos i la Serafina ha provat que les altres noies se n'anessin a casa, explicant-los que la cantant del grup seria ella. I, increïblement, la majoria de les noies s'ho han cregut i se n'han anat.

A mi no m'ha importat, d'aquesta manera tindria menys competència. Tot i que en realitat no m'importava gaire. Jo tenia amb mi l'ós i ell era l'encarregat de la meva superveu.

Finalment, en BJ ha cridat la primera.

Com no podia ser d'una altra manera, la Serafina s'ha colat i ha dit que li tocava a ella.

Quan ha tornat a sortir, ha dit a les altres que la prova ja s'havia acabat, i que en BJ s'havia decidit per ella i que ja se'n podien anar totes cap a casa. Aquest cop, les poques que no l'havien cregut al primer intent s'ho han empassat i s'han esfumat.

Jo, naturalment, no me l'he cregut ni una paraula i m'he quedat.

Fins que en BJ ha tret el cap per la porta. S'ha estranyat que ja no hi quedés ningú i m'ha fet un senyal amb la mà perquè entrés.

El que m'ha semblat una mica ximple ha estat que em preguntés el nom, quin tio! No devia voler que els altres del seu grup sabessin que ell i jo som amics, potser perquè no es pensessin que ell no era neutral. Així que li he seguit el joc.

Jo he començat a cantar i, durant tota l'estona, he mantingut la mà a la butxaca estrenyent l'ós amb totes les meves forces.

Només ho he fet per si de cas, perquè la màgia no cedís. Ha sonat francament bé. En realitat jo no canto gens malament, i amb l'ós a la mà ha estat el súmmum.

Un d'ells, l'Andy, ha dit de seguida que tenia una veu força útil i en Daniel ha reconegut que almenys jo no era tan estirada com la tia d'abans. Amb això es referia a la Serafina, ha, ha.

En BJ ha arronsat les espatlles i ha dit que si només podia triar entre la tocada del bolet de la germana d'en Justus i jo, doncs que preferia triar-me a mi.

Després he hagut de prometre-li que no faria cap ximpleria, que no cauria a l'escenari ni destrossaria tota la instal·lació (amb això es referia a allò de la gelateria), que no provés de cantar amb un botó a la boca i que si us plau no em tornés a fer aquell pentinat d'escombra desplomada.

No m'ha molestat en absolut que no em parlés amb un to d'enamorat, perquè sé per la Linda que els nois no poden demostrar els seus sentiments.

Després hem estat assajant una mica i la Serafina ha tret el cap per la porta, i ha preguntat si ja acabàvem, que no s'estaria esperant eternament.

Jo li he dit que no calia que esperés, perquè en BJ m'havia triat a mi.

I aleshores ella ha esclatat. M'ha agafat per les solapes i m'ha xiuxiuejat:

—Te'n penediràs.

Com a càstig, he desitjat que li desaparegués tot el tint dels cabells, però, quan ha sortit, ha tancat la porta tan ràpidament que ningú no ho ha pogut veure.

La mare s'ha posat com una boja de contenta quan l'hi he explicat. Se n'ha alegrat tant com si hagués estat ella qui hagués estat triada per cantar, i m'ha explicat que ella sempre havia somiat a ser cantant.

Però el pitjor ha estat que m'ha amenaçat a dissenyar i cosir un vestit especial per a mi.

Un altre cop no; per a què hi ha les botigues? Aquesta dona és capaç d'espatllar-me tota la festa.

Dissabte, 6 de maig

M'he tornat a trobar la Klarafina asseguda al seu banc.

Estranyament, em transmet el sentiment d'arribar tard, com si haguéssim quedat. És una d'aquelles velletes rondinaires, però entranyable. Realment entranyable.

Ha volgut que la informés immediatament sobre com anava la meva vida.

Bé, en aquest aspecte sí que tenia bones notícies per explicar. Tot va a la perfecció, millor que bé, no podria anar millor. Li he explicat com havia aconseguit ser cantant en el grup de l'escola, i la Klarafina s'ha sentit molt orgullosa de mi i se n'ha alegrat molt per mi.

Després m'ha dit que fes servir el meu poder de forma útil.

És clar, és el que faig.

Però quan he deixat anar que estava enamorada d'en BJ i que de segur que molt aviat li faria un petó, ha reaccionat horroritzada i m'ha advertit molt enèrgicament que seria millor que me n'oblidés.

Jo no li he contestat. Però, ben pensat, ni tan sols deixo a la mare que em digui què he de fer i què no he de fer, i només falta que ara vingui una velleta arrugada a prohibir-me coses. Encara que sigui una bruixa!

En Justus continua sense parlar amb mi. Que el bombin!

Dilluns, 8 de maig

Ha estat *superguai*.

La meva vida és meravellosa i jo sóc l'estrella de l'escola. No és d'estranyar, com que sóc bruixa!

Ahir va ser el concurs de joves talents per a grups musicals. Vaig cantar com els àngels i gairebé trenco l'ós de tant estrènyer-lo. En BJ no parava de dir-me que tragués la mà de la butxaca, però jo li vaig contestar que les cantants d'ara solien fer-ho, que ho havia vist en un videoclip. Després en BJ va comentar, adreçant-se a la resta, que esperava que la Feli es recuperés aviat.

Però això encara trigarà una mica, perquè li han de treure les angines. I per això, que bé!, que bé!, m'haurà de portar a mi a l'estudi de gravacions. Perquè, tal com era d'esperar, vam guanyar el concurs.

Gairebé explico a en BJ que ho havíem aconseguit gràcies als meus poders sobrenaturals, però potser és millor que es pensi que ho ha guanyat ell.

Després de l'actuació van fer un munt de fotos del grup, i d'en BJ i de mi.

Però en el moment crucial la Flippi ho va espatllar tot. Sí, aquell tap de bassa també va ser allà amb la seva colla d'amigues nanes.

Vaig dir a la mare que no li permetés anar al concert, i ella, què em va contestar?, que no hauria de ser tan severa amb la Flippi, i que al cap i a la fi les seves amigues també tenien dret a assistir-hi, ja que el concert era a plena llum del dia i a sobre es tractava d'una funció pública.

Així va passar que la Flippi va evitar que jo rebés el meu primer petó...

Tot va començar com en un somni.

El fotògraf volia una foto només amb en BJ i amb mi. En BJ m'havia de passar el braç per l'espatlla i després tots dos havíem de mirar a la càmera per damunt de les nostres espatlles i somriure.

I exactament això va ser el que vam fer. El fotògraf en va quedar satisfet. Després va dir que en BJ em fes un petó, que quedaria genial una foto de tots dos besant-nos.

Jo vaig pensar que se'm parava el cor, havia arribat a la meta dels meus somnis. «Ara tot anirà bé, en BJ em farà un petó», vaig pensar.

Però a en BJ no li va semblar bona idea i va provar de negociar amb el fotògraf, li va dir que preferia fer-me alguna altra cosa abans que ferme un petó. Naturalment, jo sé per què ho va fer. Per al nostre primer petó en BJ preferia estar amb mi tots dos sols i no en un lloc tan poc romàntic i davant de centenars de persones.

No hi havia res a fer, el fotògraf no va cedir, va dir a en BJ que no calia posar-se d'aquella manera, que al cap i a la fi no seria la primera vegada que fes un petó a algú. A més, només era per a la foto i l'única cosa que havia de fer era fingir. El que havia de mostrar la foto era que estava completament feliç amb la nova cantant.

De manera que en BJ, finalment hi va accedir, es va inclinar sobre mi i just abans que els seus llavis toquessin els meus (per cert, en BJ no va apuntar gaire bé, si jo no hagués girat el cap a temps, només hauria estat un petó a la galta, pel que sembla no té tanta pràctica com vol fer creure), la ximple i estúpida de la meva germana va començar a cridar: «BJ, vés amb compte, la Ioio té la pubertat, i això s'encomana».

En BJ es va encongir, es va fer enrere i va dir al fotògraf que era millor que només em donés la mà. I el meu petó va quedar en foc d'encenalls.

La Flippi i les altres múrries es trencaven de riure.

Vaig convertir la Flippi immediatament en una marmota, però la vaig perdre de vista. No és pas estrany ja que hi havia molta gent. De segur que la deu haver trobat algun nen, que deu estar content de tenir ara un animal de companyia. Per mi, encantada.

Però més tard va tornar a aparèixer per casa, i com a Flippi. Ni tan sols li havien quedat restes de pèls o de bigotis. No sé per què la meva màgia dura tan poc.

Dimarts a la tarda, 9 de maig

La Klarafina no m'entén.

Avui, en sortir de classe, me n'he anat de seguida al centre i he buscat la Klarafina a la biblioteca, al parc, a la gelateria, en fi, als llocs habituals. Ja m'anava a donar per vençuda, quan l'he vista asseguda en un banc davant la residència de vellets. Quan m'ha vist, s'ha posat molt neguitosa i m'ha acompanyat ràpidament cap al parc, al banc on sol esperar-me.

Jo li he preguntat si vivia a la residència de vellets, però ella només ha posat els ulls en blanc i ha dit que com m'havia passat un disbarat així per la ment.

Després l'hi he explicat tot amb tots els ets i uts. L'actuació, la meva genial veu, que hem guanyat el primer premi i també allò de la Flippi i el meu petó.

La Klarafina ho va escoltar tot atentament, però en alguns punts es posava molt inquieta. Quan li he explicat el trist final del meu fallit petó, s'ha mostrat visiblement alleujada:

—Que bé que hi havia la Flippi! —ha sospirat.

Que bé? La Flippi és una catàstrofe amb potes! Però la Klarafina ho ha negat amb el cap i ha dit que hauria d'estar-li'n agraïda.

Què dius? Definitivament la Klarafina no ha tingut mai una germana petita, altrament sabria que l'agraïment i les germanes petites són incompatibles. Jo volia tornar a explicar a la Klarafina tot el que m'havia passat, perquè estava convençuda que en algun moment s'havia perdut i no ho havia entès bé. Però ella ha afegit que jo havia tingut molta sort i que l'assumpte també hauria pogut sortir malament.

Aquesta no en té ni idea! L'assumpte ha sortit malament, però la Klarafina no sap de què va la cosa encara que li faci un croquis.

Potser el que no té gaire clar sigui el concepte en si de l'amor. De primer un s'enamora, després es besa. Però ella mai no vol sentir a parlar d'amor, sempre me n'adverteix.

M'agradaria saber què té la Klarafina en contra que jo faci un petó a en BJ. Potser també hauria de buscar un marit a la Klarafina. Perquè si s'enamorés, aleshores comprendria de què li estic parlant. De segur que ella m'ho agrairia i no faria tant d'enrenou com la mare.

Quan l'hi he proposat, gairebé li ha agafat un atac.

—Però, loio, quina idea tan *entravessada!*

El pitjor és que jo no tinc idea de què significa *entravessada*. I ara no estic segura de si n'estava encantada o bé escandalitzada.

Dimarts a la nit, 9 de maig

Ostres, tio, avui de poc passa allò del meu primer petó!

Hem estat tota la tarda assajant i ni tan sols he comès cap de les meves malapteses. De debò, he estat completament normal. És clar que en BJ no em posa ni de bon tros tan nerviosa com en Justus.

Bah, en Justus, per ell no malbarataré ni un sol pensament. De debò. Tant m'és el que faci. No m'interessa en absolut.

A l'hora de l'esbarjo ha passat l'estona amb una d'aquelles faves de la classe paral·lela. La Linda ha estat tota l'estona sospirant i marejantme dient com n'era, de guapo, en Justus i que bo que estava i que com li agradaria estar-ne enamorada, però que la Serafina no l'hi permetria, i que quina sort tenia jo d'haver sortit algun cop amb ell. Després m'ha preguntat si de debò no m'agradava.

—En Justus? I ara! No és ni de bon tros el meu tipus.

Aleshores la Linda s'ha sentit alleujada, i ha volgut que li donés tota mena de consells perquè en Justus la convidi algun dia al cine o a prendre un gelat.

I m'ho pregunta precisament a mi! Però aleshores he recordat que ara sóc una bruixa que tot ho pot i tot ho sap.

Així que li he explicat com s'aconsegueix que un noi s'enamori d'una noia. Tot comença per portar el *look* apropiat. Cal estilitzar-te de tal manera que aparentis almenys tres anys més. El millor és que fins i tot diguis que tens més edat de la que tens realment. Si algú pregunta que per què aleshores no ets en una classe superior, respons que és perquè vas entrar a l'escola amb nou anys, ja que els pares pertanyien a una secta que no permet l'escolarització abans dels nou. Després, li fas mirades significatives a l'escollit i el millor és que ho facis quan hi hagi tots els seus amics al davant. Quan els seus col·legues comencin a prendre-li el pèl i fer acudits sobre això, aleshores saps que ets en el bon camí. I quan se t'acosti xerrant pels colzes i dient que deixis de mirar-lo com una fava, pots estar segura que ha mossegat l'ham.

És clar que també pots acostar-te al noi que t'agrada i preguntar-li si té ganes d'anar amb tu al cine.

Però això no és tan emocionant.

La Linda s'ha quedat completament fascinada

amb el meu discurs; per cert, jo també, i ha dit que era una veritable llàstima que no pogués ser la meva amiga, perquè la Serafina mai no l'hi permetria.

Pobra Linda.

Tornem un altre cop a l'assaig i al petó que no ha existit.

En BJ estava molt content amb mi i contínuament m'elogiava. Quan per fi hem acabat, ja era força tard i en BJ s'ha ofert a acompanyar-me a casa.

Guai, en BJ m'acompanya a casa! Jo estava que no cabia a la pell!

De manera que allà érem, davant de la porta de casa, jo escalfant-me el cap, pensant què es podia dir en una situació com aquella. He provat de recordar tota mena de pel·lícules, però no se m'ha acudit cap escena adequada, el text de la qual a més em sabés de memòria.

Així que he començat a dibuixar amb el peu cercles a l'asfalt. Ho havia llegit un cop en un llibre. La noia estava enamorada, i el noi se n'adonava per aquest detall.

Però d'entrada en BJ no s'ha adonat de res, i això que fins i tot he començat a dibuixar amb el peu cors invisibles sobre l'asfalt.

En BJ m'ha posat la mà a l'espatlla i m'ha dit:

—Bé, doncs res...

Què volia dir «bé, doncs res» en una situació així? Bé, doncs res... Ens fem un petó? Bé, doncs res... Vols sortir amb mi? Però, no, en BJ ha dit:

—Bé, doncs res... Adéu!

Maledicció, això no és el que estava planejat.

Jo ràpidament li he comentat:

—Escolta, què et sembla la meva veu?

—Em sembla fantàstica, de debò, ets genial.

—I la resta? —he afegit.

—A què et refereixes amb la resta?

—Doncs això, a la resta...

Quin diàleg més poca-solta, en ma vida no he sentit ni he llegit res tan absurd.

—Tens una veu realment bona. I això que només tens tretze anys.

He tornat a recordar el meu text:

—Aviat en faré quinze.

En BJ s'ha quedat molt sorprès:

—Ah, sí? Quan?

Amb veu gairebé inaudible he contestat:

—D'aquí a dos anys.

En BJ s'ha posat a riure.

Aquest era el moment d'emprar l'ós. Això no podia continuar així, havia de fer màgia. He estret l'ós i he desitjat que en BJ em fes un petó. Jo mentrestant he anat tancant els ulls i he esperat.

De sobte s'ha obert una finestra i he sentit la veu estrident de la Flippi:

—Ioio, mira a veure si espaviles, és hora d'anar-se'n al llit. A aquesta hora, les nenes de la teva edat han de ser al llit.

No em podia creure el que estava sentint i he obert els ulls de cop.

En BJ s'ha posat a riure, ha mirat cap amunt vers la Flippi i ha dit:

—Sí, jo també penso el mateix, ja se li estaven tancant els ulls de la son que té.

Tot seguit m'ha fet uns copets a l'espatlla i se n'ha anat.

No podia ser cert. La Flippi acabava d'espatllar el meu primer petó.

Flippi, te'n penediràs. Et deixaré caure la mare al damunt.

Fa dos dies que no veig en Justus.

Deu estar malalt? En realitat, m'és completament indiferent, només és per si té alguna cosa que s'encomani, com ara la varicel·la, les galteres o una cosa semblant. En aquest cas, sí que hauria de saber-ho, per no il·lusionar-me per si em trobo un granet de varicel·la o una cosa semblant al nas, i em penso que és un granet de la pubertat.

Dimecres a la tarda, 10 de maig

Avui ha estat el dia més horrible de la meva vida, tot s'ha acabat. En BJ m'odia. Si mai ha estat enamorat de mi, ara de segur que ja no ho està. Tot és tan terrible.

I tota la culpa la té la Flippi. Això no l'hi perdonaré mai de la vida.

Ahir a la nit, durant el sopar, vaig dir a la mare que creia que la Flippi tenia problemes psicològics de debò, perquè no era capaç de veure dos enamorats besar-se i sempre provava d'evitar-ho obsessivament. Vaig dir a la mare que això de segur que era perquè havia crescut sense pare i que la mare se n'havia d'ocupar urgentment.

Això és, per dir-ho d'alguna manera, la maldat més malvada que la Flippi i jo puguem fer-nos l'una a l'altra: encarregar-nos que la mare s'ocupi de nosaltres. Perquè aleshores sempre vol passar molt temps amb nosaltres i fins i tot cuina per a nosaltres.

La funció comença sempre amb l'acte de la cuina.

Ella entra a la cuina i, en primer lloc, se sorprèn i està encantada de la quantitat d'estris específics que troba pertot arreu. Estem parlant de cullerots, batedora i coses així. Després, al cap de poca estona, la cuina sembla un laboratori químic després d'una explosió.

Llavors, quan ha aconseguit barrejar alguna cosa i ho ha escalfat, n'anomena un plat calent. I no sempre ho és, perquè tampoc no domina gaire bé els fogons i sempre encén els que no són. Transcorreguts cinc minuts declara que el menjar ja és a punt, la paciència a la cuina tampoc no és una de les seves virtuts.

Aleshores, ella s'asseu, inquieta, davant nostre, i ens observa com ens posem la forquilla a la boca. Més tard vol saber com està.

Sempre està fastigós, però nosaltres diem com unes valentes que està bo. Com que sabem que ho fa amb bona intenció...

De vegades li preguntem per què la salsa té uns grumolls tan grans, i ella ens contesta que no són grumolls, sinó xampinyons. Quan en realitat els xampinyons continuen al pot sense obrir, que és a la vora del foc. La mare no sap com va, tot això. Ella es fa la idea que hi ha xampinyons en salsa i amb això n'hi ha prou. Si diu ella que els xampinyons hi són, és que hi són, tot i que nosaltres estiguem mastegant en realitat grumolls de farina.

Quan nosaltres ja hem acabat, aleshores és ella la qui tasta el menjar, fa una ganyota i diu:

—Agg! Això no s'ho pot menjar ningú.

Li entra un remordiment de consciència tal que ens convida a menjar una pizza. Aquesta és la part bona de l'atenció personal.

Però no s'acaba pas aquí. Quan tornem a ser a casa, vol jugar amb nosaltres a algun joc de taula.

Això és molt esgotador, perquè és la pitjor guanyadora del món. Cada cop que guanya, es lamenta dient que no ho ha fet a propòsit i que ho sent moltíssim.

Aleshores ens passem dues hores consolant-la i no para fins que ens inventem una regla per la qual ella, al final de tot, no ha guanyat.

Durant aquestes fases d'atenció concentrada, tampoc no és aconsellable portar a casa cap amiga, perquè la mare no té cap inconvenient a aplicar la teràpia també als fills dels altres.

Bé, jo de tota manera ja no tinc amigues, però la Flippi té un seguici força nombrós i, a hores d'ara, la majoria, abans de venir a veure la meva germana, li pregunta si hi ha la mare a casa o no.

Resumint: quan la mare s'ocupa de nosaltres és un veritable càstig.

I exactament per això ho he fet. La Flippi havia de ser castigada per haver-me espatllat el meu primer petó.

En realitat, el fet d'haver-la convertit en una marmota ja pretenia ser un càstig i una advertència per al futur, però la Flippi no n'ha après res, d'això. A més, ha negat haver estat mai una marmota.

Així que ara té la mare penjada al coll.

La Flippi estava tan enfadada que m'ha agafat l'ós.

Ella l'ha vist i ha volgut saber de seguida d'on l'havia tret. Naturalment no li he explicat ni una paraula, sinó que he dit que sortís de l'habitació i em deixés en pau.

Però ella no tan sols no se n'ha anat, sinó que ha continuat fent-me enfadar. Aleshores li he advertit que diria a l'ós que li mossegués el nas si no parava de ficar-se on no la demanaven.

Hauria d'haver sabut que amb la Flippi això no funcionaria. De segur que deu haver pensat: «I ara encara menys». I amb aquesta excusa m'ha robat l'ós de la butxaca de la jaqueta. Perquè no me n'adonés tan aviat, m'ha posat una altra cosa a la butxaca: una presa de xocolata, sense embolcall.

És clar que quan jo m'he posat en marxa cap a l'estudi de gravacions, això no ho sabia.

Així que allà era jo, a l'estudi de gravacions, i tot en ordre, podíem començar. Així que m'he posat en posició, he ficat la mà a la butxaca i he estret el que em pensava que era l'ós, però, per desgràcia, el que he estret ha estat la presa de xocolata. L'he feta puré.

M'he espantat tant que he començat a cridar. I quan després he tret la mà empastifada de xocolata de la butxaca, a en BJ gairebé li agafa un atac. M'ha dit que no fes cap del meus forassenyats numerets allà davant i que comencés a cantar d'una vegada.

Com havia de cantar sense el meu ós. Això era impossible. De segur que escatainaria com una gallina, però no podia donar aquesta explicació a en BJ. Així que de moment he continuat cridant, i més encara perquè pensava que havia esclafat l'ós i em feia un fàstic horrible.

En BJ s'ha girat, m'ha dit que toqués el dos, i després, s'ha dirigit al cap de l'estudi per informar-li que tornaria quan la seva cantant habitual i normal s'hagués recuperat. I allò de «normal» ho ha accentuat, mirant-me significativament. Aleshores jo me n'he anat a casa.

Així de pressa s'ha acabat la meva prometedora carrera. Ara això de ser cantant s'ha acabat. Però què dic això de cantar, la vida sencera se m'ha acabat.

A més, odio en Justus. No tornaré a parlar-hi ni una sola paraula. La Linda em va explicar que l'havia vist amb dues noies de segon de Secundària a la gelateria. Ella estava força trista. Com ha pogut fer una cosa així a la Linda. És un miserable.

Dimecres a la nit, 10 de maig

I a sobre ara tinc problemes amb la mare.

I tot per culpa de la Flippi.

Quan he arribat de l'estudi de gravacions a casa, m'he llançat feta una fúria directament a l'habitació de la Flippi i li he clavat una patacada a aquella puça que l'he enviada directament a sota l'escriptori. Després he regirat tota l'habitació a la recerca del meu ós. Però de quina manera..., digna d'una pel·lícula policíaca. Tot el que anava caient a les meves mans volava acte seguit pels aires, de manera que he deixat ruixat tot el terra de diversos objectes.

Resultat: res. Així que he tornat a agafar la Flippi per les solapes i li he cridat:

—On és? Va, digues-m'ho ara mateix!

Ella ha fet l'orni i m'ha mirat amb cara de no haver trencat mai un plat en sa vida.

—A què et refereixes? —ha dit, tot sabent exactament a què em referia.

Jo m'he posat encara més furiosa i, per si de cas, ella ha començat a cridar la mare, mentre em donava una puntada al turmell.

La mare ha vingut, ho ha vist i ha començat a bufar.

—Què passa aquí? Pareu de pegar-vos!

Però això no funciona així com així.

La pobra ens ha separat com ha pogut. La Flippi continuava donant-me puntades i cops de puny i bramava:

—Sempre que no troba alguna cosa m'ha de donar la culpa a mi.

—Perquè sempre agafes les meves coses. I ara dóna'm l'ós.

La mare ha deixat anar la Flippi i m'ha arrossegat a mi cap a la porta de l'habitació. Després ha arribat allò que tant odio:

—Ioio, tu ets la gran i la més assenyada...

Jo he protestat:

—Però ella m'ha agafat l'ós, ho sé. I el necessito urgentment.

La mare, molt serena, en un to típic de mare enfadada, ha dit:

—Però, Ioio, com és que necessites un ós de peluix urgentment? Flippi, on el tens?

La Flippi, amb cara de santa:

—Jo? I ara...

I la mare l'ha creguda. Això és increïble. He fet un petit intent:

—Però...

La mare se n'ha afartat:

—Ioio, ja no vull sentir res més, que he de treballar —i murmurant alguna cosa per a ella mateixa, m'ha fet sortir de l'habitació.

Flippi..., espera i veuràs, la meva venjança serà terrible. I ja sé fins i tot el que faré. Una cosa significativa, important. La Flippi ha d'aprendre a quedar-se a la seva habitació i no ficar el nas entre les meves coses! Untaré la cadira del seu escriptori amb cola ràpida i quan s'assegui, s'hi quedarà enganxada. Durant molt de temps.

Diumenge, 14 de maig

La mare encara està enfadada. Però enfadada de debò. Està farta de nosaltres. La idea de la cola no li ha fet cap gràcia. No s'ha adonat de la simbologia, només ha pensat que era una barbaritat. Encara s'està pensant un càstig.

Ups, ja em crida una altra vegada que apagui el llum. És millor que ho faci.

Dilluns, 15 de maig

Això una ho ha de veure amb els seus propis ulls per creure-s'ho. Estem assegudes a la taula per esmorzar. La mare està preparant entrepans per a l'escola. Ja té preparats set sandvitxos. Un silenci sepulcral, fins i tot la Flippi està callada, que ja és un dir.

Jo provo amb cautela d'encetar una conversa:

—Mama, si jo només volia...

La mare m'interromp immediatament:

—No tens excusa, ets massa grandeta per fer aquestes ximpleries. Però en què pensaves?

—Pensava...

La mare em talla un altre cop:

—Calla, no vull sentir res encara.

Fantàstic, oi? Això és típic de les mares, et fan una pregunta i, quan vols contestar, diuen: «Calla!»

Furiosa, continua fregant les llesques de pa.

Mentrestant, com que no fa cap atenció al que fa, ja va pel desè entrepà.

La Flippi em fa un senyal i em mira amb cara de preocupació. La mare ha tornat a posar-li un altre entrepà al davant i encara continua amb aquesta tasca.

Jo només arronso les espatlles.

La mare em mira.

—Encara no m'ho puc creure. Per què fas aquestes coses?

Jo, un altre cop, molt cautelosa li responc:

—Però, mama...

Ella aixeca la mà:

—No diguis res.

La Flippi hi intervé:

—Mami, el que la Ioio prova de dir-te és que ja has fet dotze entrepans. Amb això puc alimentar tota la meva classe.

A ella la mare també li bufa:

—I tu calla també.

Després mira els entrepans, deixa anar el ganivet i diu:

—Sens dubte, sóc massa bona amb vosaltres.

Torna a recollir tots els entrepans i els amuntega al seu plat.

—Feu-vos vosaltres mateixes els entrepans. Aquests són per a mi! —murmura mentre en mossega de gust un i se'n va amb el plat a la mà a l'habitació de cosir.

Amb un exemple com aquest, com ens hem de convertir els nens en gent de profit?

Aleshores la Flippi m'ha lliurat l'ós per damunt

de la taula amb un gest de penediment; jo estava massa feta pols per clavar-li una bufetada.

Que estrany. Trobo a faltar en Justus. Quina llàstima que ja no siguem amics. No és que jo n'estigui enamorada ni res d'això. És només que..., ostres, no ho sé. Ell és un bon noi. En realitat, és força *guai*. Bé, vull dir *guai* en el bon sentit de la paraula, no *guai* desmanyotat, com la majoria.

Dimecres, 17 de maig

Untaré la Flippi amb quitrà i li buidaré un sac de plomes per damunt. Ha fet el més humiliant que podia haver fet. Ha escrit a en Justus una carta d'amor. En nom meu! I jo no en tenia ni idea.

Ha anat així: aquesta tarda jo estava estirada al llit de molt mal humor i he pronunciat el desig que em truqués en BJ per telèfon. Però res. No sé què li passa, a l'ós.

Ha sonat el timbre de la porta i poc després la mare ha tret el nas a la meva habitació:

—Ioio, tens una visita.

Guau, en BJ em ve a visitar. Quina bogeria, he pensat.

M'he aixecat d'un bot i en fer un cop d'ull a l'habitació m'ha entrat un atac de pànic. Ràpidament he amagat l'ós sota la manta i tot el que semblava de nena petita ho he posat sota el llit.

Tot seguit m'he tornat a estirar, però encara

sense alè, damunt el llit, he agafat un llibre i he fet com si estigués llegint. Però per desgràcia no m'he adonat que tenia el llibre a l'inrevés.

La porta s'ha obert, jo he aixecat la mirada del llibre i... el qui era a la porta no era en BJ, sinó en Justus. M'he quedat completament atordida i he dit:

—Ah, ets tu?!

En Justus s'ha enfadat una mica:

—Doncs, sí. Que potser esperaves una altra persona?

Bé, en realitat, sí, ja ho havia dit explícitament a l'ós: «Vull que em truqui en BJ.»

Però aleshores he sentit que de debò m'alegrava de veure en Justus. De debò. Així que he dit de seguida:

—I ara, només que m'estranya veure't. Per cert, què hi fas, aquí?

En Justus no m'ha contestat, m'ha assenyalat el llibre i ha dit:

—Què, ara et dediques a llegir els llibres a l'inrevés?

Quin tall.

—Per descomptat —he contestat—, és un bon entrenament per al pensament lògic.

En Justus no m'ha cregut ni una sola paraula. Ni tan sols quan li he dit que ho havia llegit en un llibre especialitzat titulat *Pensament lògic per a principiants* del professor Dr. Hans-Joachim Wibzelpütz.

Jo m'he aixecat, he apartat el llibre i me l'he quedat mirant.

He notat que en Justus es posava una mica vermell. De debò que jo mai no l'havia vist així.

Després, ha murmurat:

—Gràcies per la carta.

—Carta, quina carta? —li he respost.

En Justus m'ha contestat:

—La teva carta. La que m'ha lliurat la teva germana.

—Que aquella nana t'ha lliurat una carta?

En Justus s'ha quedat una mica sorprès.

—Sí, i m'ha donat records de part teva. I estava signada amb el teu nom.

—Déu meu!

No he estat capaç de dir res més. De segur que la Flippi no ho havia fet per donar-me una alegria, sinó per deixar-me en evidència. Així que, per si les mosques, he dit a en Justus ràpidament que jo no tenia res a veure amb aquella carta, que l'havia escrita la torrada de la meva germana petita.

En Justus s'ha quedat clarament decebut.

—Ah. I res del que posa a la carta és cert?

—Ni una sola paraula.

—Quina llàstima! —en Justus no semblava gaire content.

M'he penedit a l'instant d'haver-ho dit, perquè em picava la curiositat i volia saber el que posava la carta.

Però en Justus no ha deixat que li estirés la llengua.

—Tant és, si tu no l'has escrita.

Merda! M'hauria agradat saber què posava en

aquella carta, perquè pel que es veu en Justus no estava gaire enfadat. Potser era una carta agradable.

Ho devia ser, perquè en Justus m'acaba de posar un regal davant dels nassos.

—Té, te'l pots quedar de tota manera.

M'he quedat completament eclipsada. El meu primer regal d'un noi.

L'he obert molt excitada i m'he posat vermella com un tomàquet. Era un rellotge. De color fúcsia amb cors. És taaan maco. Sempre n'havia volgut tenir, un d'aquests. En Justus és una joooia. Què hi devia posar, a la carta?

Quan en Justus se n'ha anat, m'he quedat pensant si devia realment castigar la Flippi. En realitat amb la seva estranya carta ens havia tornat a ajuntar a en Justus i a mi. Bé, ajuntar el que es diu ajuntar... Ens tornem a parlar, perquè li he pogut explicar el que em va passar a la gelateria. Ho ha entès de seguida i ha dit que era típic de la Serafina, que només tenia idees maquiavèl·liques al cap. I que per això ja no estava enfadat amb mi.

Aleshores m'ha preguntat si era cert que jo estava enamorada d'en BJ. Ui!, aquesta sí que era una pregunta compromesa. Jo li he contestat que jo no estava enamorada de ningú. Que la mare m'ho havia prohibit, perquè era una cosa malsana.

En Justus se m'ha quedat mirant, amb expressió de compassió.

—La teva mare és una mica estranya, oi?

En això només podia donar-li la raó.

Fins i tot podria resultar que la Flippi finalment no sigui tan mala bèstia. Li he preguntat per què havia escrit a en Justus una carta amb nom meu. I què ha estat el que m'ha contestat. M'ha dit que li feia llàstima que darrerament estigués tan trista i havia pensat que probablement era perquè ja no em veia amb en Justus. Per això li ha escrit una carta d'amor.

Jo m'he quedat emocionada, l'he abraçada amb força i li he dit que el que havia fet no havia estat bé, tot i que d'altra banda sí que havia estat bé. Però això només l'ha deixada confusa i jo no he sabut explicar-l'hi millor.

El dia d'avui gairebé es converteix en el primer dia en què no discutim entre nosaltres.

Però aleshores m'ha dit:

—Per si les mosques, també he escrit una carta a en BJ.

Pel que sembla, ella esperava que l'abracés i l'estrenyés encara més i s'ha quedat completament perplexa quan, en comptes d'això, l'he agafada per les espatlles i l'he sacsejada cridant-li que era la germana més dolenta del món.

La Flippi m'ha cridat que fes el favor de vacunar-me contra la pubertat, que no havia qui m'aguantés. Tot seguit m'ha clavat una puntada de peu al turmell i se n'ha anat.

Em sento humiliada fins al més profund. Què deu pensar en BJ de mi? No podré tornar a l'escola mai més, no podré tornar-hi a aparèixer.

La meva vida està arruïnada.

Hauré de deixar l'escola. Amb tretze anys! Què serà de mi? Em refereixo, professionalment per exemple. Sense el Batxillerat..., i deixant l'escola a meitat de primer de Secundària. A què podré aspirar aleshores?

Em temo que no arribaré ni a primera ministra. Perquè aquesta era la meva alternativa, en cas que la carrera de cantant em fallés. I aquesta crec que ja ha passat a millor vida gràcies a la presa de xocolata. Per tots els sants, com s'acabarà tot això?

Jo he plorat una mica i he explicat a l'ós les meves penes. I fent-ho, he recordat que sóc una bruixa i que no tinc cap raó per la qual m'hagi de lamentar. No entenc per què m'oblido constantment d'un detall així.

Dijous, 18 de maig

Un altre cop tinc un problema. No hi ha ni un dia sense estrès.

Havia quedat amb en Justus a la gelateria. De camí cap allà, m'he trobat amb la Klarafina, que estava asseguda en un banc del parc. Com és normal, m'he acostat primer a veure-la, tot i que en realitat anava amb retard, però he pensat que en Justus de tota manera m'esperaria.

La Klarafina era allà asseguda, tan sola, que he pensat que seria millor veure com estava.

No tenia tan bon humor com de costum i m'ha

retret que arribava tard. Jo he pensat que es referia a la meva cita amb en Justus i m'estava preguntant com dimonis podia saber-ho, però li he dit:

—Va, només he arribat uns minuts tard, això no és res.

Ella m'ha contestat que no eren uns minuts, que feia tres hores que m'esperava. Jo li he contestat que això no podia ser, perquè jo no havia quedat amb ella.

La Klarafina ha sospirat profundament i ha dit que m'havia enviat un missatge per telepatia, que si no l'havia rebut.

I ara! Aquesta sí que és bona, ara les bruixes es comuniquen per transmissió de pensaments i jo sense saber-ho.

Però no he volgut admetre la meva ignorància, al cap i a la fi podria ser que les bruixes normals ho sàpiguen automàticament i que jo només sigui una bruixa de segona categoria. Com que encara fallen algunes coses en la meva màgia... A més, fins que no sàpiga si és per culpa meva o per la de l'ós, és millor mantenir la boca tancada.

De manera que li he dit que a mi no m'havia arribat res. La Klarafina m'ha mirat amb la cella arrufada, i finalment m'ha dit que m'assegués i m'ha donat una copa de gelat.

Hem estat xerrant tranquil·lament, fins que de sobte s'ha començat a posar nerviosa. Quan li he preguntat què li passava, m'ha explicat que estava rebent una notícia però que devia haver-hi alguna interferència i que necessitava canviar per un moment de posició. Aleshores m'ha posat la seva copa de gelat a la mà i ha desaparegut. Però la Matilde, la seva bossa de mà, ha continuat a la meva vora.

La Matilde m'ha fet llàstima i m'hi he posat a conversar una mica perquè no trobés a faltar tant la Klarafina.

Tot d'una, he sentit una veu darrere meu:

—Escolta, Ioio, on et fiques? Havíem quedat, te'n recordes?

En Justus era just al darrere meu. Quin ensurt que m'ha donat.

I, abans que jo pogués dir res, m'ha preguntat:

—Què passa? Ara també parles sola?

—I ara —li he respost, però després he pensat que potser m'havia sentit parlar amb la Matilde i he corregit—: Bé, sí.

En Justus havia fet la volta al banc i s'ha assegut al meu costat. Aleshores m'ha vist les dues copes de gelat a les mans i m'ha mirat una mica estranyat.

Jo n'hi he posat una a la mà i li he dit:

—Té aquesta és per a tu. He pensat que potser era millor menjar-nos el gelat al parc.

Ell l'ha agafada. Estava totalment confós, però ha començat a menjar-se el gelat.

Encara li havia d'explicar per què estava parlant sola, així que li he dit que estava assajant un número de ventríloqua per a la festa de l'escola.

En Justus m'ha preguntat:

—Per a quina festa?

—Doncs per a una qualsevol. Dic jo que alguna en farem, de festa a l'escola, oi? I aleshores vull estar preparada.

Per donar més credibilitat al que havia dit, he arrencat una margarida, l'he subjectada per la tija i l'hi he posada davant dels nassos.

La movia amunt i avall com si fos un ninot, he distorsionat la veu i, sense moure la boca, he dit:

—Hola, Justus, sóc Glòria la margarida.

Potser no m'ha sortit gaire bé, perquè en Justus se m'ha quedat mirant com si em faltés un cargol, ha arronsat les espatlles i m'ha dit:

—Tu estàs tocada del bolet.

He llançat la Glòria per damunt de la meva espatlla i he tornat a concentrar-me en el gelat.

Mentrestant se m'ha acudit una cosa per canviar de tema.

—Per cert, que el rellotge que em vas regalar mola un munt.

A en Justus aquest comentari l'ha fet envermellir una mica. Ho he notat pel gest desenfadat que ha fet amb la cullereta plena de gelat, llançant-ne el contingut pels aires com si fos una catapulta. El gelat ha anat a parar justament damunt d'un pardal. En Justus s'ha avergonyit molt.

Per evitar de fer-li passar més vergonya i per refermar el meu compliment, he consultat l'hora al meu rellotge de color fúcsia. Però per desgràcia, no m'he adonat que encara tenia la copa de gelat a la mà i, plof, el gelat ha acabat damunt els meus pantalons.

En Justus m'ha ajudat de manera força matussera a netejar-me el gelat dels pantalons.

Després d'això cap dels dos no ha sabut què dir, i a més, el gelat també s'havia acabat.

Sort que just en aquell moment ha tornat la Klarafina.

Ha agafat la seva bossa i li ha dit:

—Ah, com que aquí és on t'havia deixat oblidada.

Després, la seva mirada ha anat a parar a les copes de gelat buides, després a mi i un altre cop a la Matilde. Ha obert la bossa, ha mirat a dins, i ha comentat en veu alta amb la cella arrufada:

—Aquests eren els dos darrers.

I, amb un sospir profund, ha afegit que li havia sorgit una emergència i que hauríem de quedar en una altra ocasió. I s'ha esfumat.

En Justus ha volgut saber qui era aquella senyora i què significava tot allò, i si jo m'havia menjat el gelat d'aquella velleta.

Jo li he contestat que jo no, però que ell sí.

En Justus ha contestat que només l'havia agafat perquè es pensava que era meu.

—Ah, sí? De manera que et pensaves que jo m'estava aquí més sola que la una asseguda al parc amb dues copes de gelat a la mà, oi?

Quan he mirat en Justus, he comprès que la nostra conversa se n'anava en orris, però no he sabut com salvar-la. En Justus només m'ha contestat que, tractant-se de mi, res ja no el sorprenia.

Jo no he sabut què dir i per això li he preguntat que per què m'espiava. Ell s'ha enfadat i ha afirmat que definitivament jo no estava gaire bé del cap.

Després d'això, jo he volgut tornar-li el rellotge però ell s'ha aixecat i m'ha contestat que me'l podia quedar tranquil·lament, que d'aquesta manera almenys portaria alguna cosa a sobre que funcionés com cal, i dient això se n'ha anat.

I ara no estic segura del que passa amb en Justus i amb mi. Ens continuem parlant o no? He de disculpar-me amb ell, o ell amb mi? Això compta oficialment com una discussió? I si és així, significa això que ja no som amics?

Si comptem l'assumpte de la gelateria, ben mirat, és ja el segon cop que ens enfadem.

El que necessitaria saber és quantes vegades és possible enfadar-se abans que es trenqui una amistat. Hi haurà una mena de límit, com ara: tres o deu cops i després s'ha acabat?

Esperaré. Com a últim recurs, la Flippi podria tornar a escriure-li una carta. I ara que ho penso..., continuo sense saber el que posava exactament en aquella carta.

De bon començament la Flippi ha dit que ja no se'n recordava; després, quan ens vam barallar, em va dir molt enfadada que havia copiat una recepta de mandonguilles amb salsa.

Si això fos cert, deu ser el plat preferit d'en Justus, perquè si no, no m'hauria regalat el rellotge.

Dilluns, 22 de maig

Aquest drama no té fi.

Mai no m'hagués imaginat que les coses encara poguessin anar pitjor, però ho han fet. Ara la catàstrofe ha arribat al cim, i tot per una tendència de la moda.

A l'escola tothom porta la mateixa jaqueta.

I no és que hàgim de portar uniforme, no, però tot el qui mitjanament vol estar a l'última porta una jaqueta texana, descolorida i esfilagarsada amb unes lletres japoneses a l'esquena. Ningú no té idea del que signifiquen. Jo crec que les han copiades d'alguna carta de qualsevol restaurant japonès i que signifiquen «filet arrebossat amb patates fregides i maionesa», però en japonès.

Uns pocs romàntics opinen que es tracta d'alguna vella benedicció japonesa que ve a dir una cosa com ara: «Que el sol t'il·lumini el camí en el dia d'avui i durant el teu futur, perquè caminis feliç i despreocupat per la vida».

Tanmateix, els nois s'inclinen més pel significat: «Mort al traïdor». Bé, tant és. La qüestió és que gairebé tothom a l'escola porta la mateixa jaqueta.

I no tan sols i únicament per això, és el motiu pel qual ha pogut passar el que ha passat; i jo no me n'he adonat fins que he arribat a casa. Era que portava la jaqueta canviada. La jaqueta en la qual hi havia l'ós! L'ós ha desaparegut!

I qui el té? La Serafina.

Precisament, la Serafina. Ho sé del cert, perquè, a la jaqueta que jo portava m'hi he trobat una carta de la Linda a la Serafina. Li deia que li havien comprat un cinturó de xarol nou, preciós, de color fúcsia i que, si la Serafina l'hi permetia, el portaria algun dia. Li preguntava si a ella li agradaria posar-se'l algun cop i que la Linda encara no l'havia estrenat perquè sabia que a la Serafina no li agradava posar-se coses usades.

Se'm regira l'estómac quan llegeixo coses així. Però per què em preocupo jo ara per la Linda, si el meu món s'està ensorrant i jo de segur que em moriré de tristesa.

Això és una veritable catàstrofe! De segur que la Serafina trobarà l'ós i en descobrirà el secret. Aleshores la Serafina podrà fer màgia. De totes les persones del món, ella hauria de ser la darrera persona a la qual se li hauria de permetre fer màgia. Si en fa, tots en patirem les conseqüències. Ens transformarà en granotes i en porcs amb berrugues. La Serafina, una bruixa!!!

Per a mi serà el final. Els meus temps de glòria s'hauran acabat. Aniré a la presó. Això serà la fi.

Qui diu que la vida és com una muntanya russa? Quina ximpleria, és com un trampolí de salt i, quan ets a l'aire, et prenen els esquís perquè et fumis de lloros.

Ai!, i a mi que m'agradava tant ser bruixa... Per una vegada, tot anava bé en la meva vida.

Dimarts, 23 de maig

Sí, senyor, estic acabada.

La Serafina sap fer màgia. Ho sé. Ahir, a l'hora del pati, en BJ va donar a la Serafina un llibre. Tot i que ell va dir que era per al seu germà, estic segura que a dins hi va posar una carta d'amor per a la Serafina.

Probablement, encara està actiu el conjur per a en BJ, l'ós encara no es deu haver adonat que ha canviat de mestressa i s'està encarregant que la Serafina aconsegueixi en BJ.

Ella se'm va acostar i em va dir amb veu melosa:

—Ah, Ioio, tinc una idea perquè puguis millorar el teu aspecte. Col·loca't una bossa damunt del cap.

Immediatament se'n va anar, i les gallines la van seguir trencant-se de riure.

Jo no vaig ser capaç de dir ni una paraula. Com que ja no tinc el meu poder de bruixa i ara el té la Serafina...

És horrible.

Sense els meus poders de bruixa estic perduda. Ara estic indefensa i hauré de suportar tot el que ella vulgui, tal com ho fan les altres gallines.

Estava tan desesperada que fins i tot vaig demanar consell a la Flippi. Això no m'havia passat mai. La Flippi només va dir, com aquell qui no vol la cosa, que per què no deia a la Serafina que ens havíem equivocat de jaqueta i que ens les tornéssim a canviar.

De vegades la Flippi em posa molt furiosa.

Sobretot, quan té raó.

A mi no se m'havia acudit. En deixar de ser una bruixa, m'havia entrat tant de pànic que no se m'acudien ni tan sols les idees més senzilles.

Però, és clar, això no ho podia dir a la Flippi.

Ella es va quedar mirant-me tot movent el cap i em va preguntar si la causa que el meu cervell no funcionés era per la pubertat.

Jo li vaig dir que era una ximpleta i que em deixés en pau i que sortís de la meva habitació, però en realitat era jo la que m'estava a la seva habitació, així que vaig haver d'abaixar les orelles i esfumar-me.

Les discussions amb la Flippi són un cas perdut. Jo tinc cinc anys sencers més que ella, però malauradament això no em serveix de res quan estem discutint. És denigrant, no hi ha qui la suporti. Ni tan sols la mare.

Aquest matí la Flippi ha preguntat a la mare si li deixava pintar la seva habitació. La mare li ha contestat que no. Doncs bé, aquesta tarda la Flippi s'ha posat a córrer els mobles cap al centre de l'habitació i els ha tapat amb draps vells.

La mare li ha preguntat què estava fent, i la Flippi li ha contestat que ho estava preparant tot perquè pintaria la seva habitació.

Aleshores la mare ha volgut saber si, a la Flippi, li passava alguna cosa a les orelles, ja que ella no li havia permès de pintar l'habitació.

La resposta de la Flippi ha estat la següent, freda com el glaç:

—Ja ho sé. Si encara no l'estic pintant, però així, quan canviïs d'opinió, podré començar de seguida.

La mare aleshores li ha respost que no pensava canviar d'opinió, i ha sortit remugant de l'habitació.

Al vespre, la Flippi ha començat a pintar l'habitació.

Jo li he preguntat si la mare havia canviat d'opinió, però la Flippi m'ha contestat que no. Tot i que segurament ho faria quan veiés la nova decoració de la seva habitació.

Tu ho pots creure? D'on treu aquesta puça els nervis per muntar un número semblant? I el pitjor és que sempre se surt amb la seva. Estic completament segura que també aquest cop ho aconseguirà.

Al començament la mare no podrà creure el que veuen els seus ulls, després se n'anirà corrents a consultar un dels seus llibres tan formatius sobre educació i començarà a fullejar-lo com una boja. Després dirà que en el fons és una característica que, a la Flippi, li serà de gran ajuda en el futur. Quan la mare parla de *característica,* es refereix al costum de la Flippi d'ignorar categòricament les ordres de la mare.

Aquesta dona no hi ha qui l'entengui, no trobes?

No obstant això, seguiré el consell de la Flippi. Simplement tornaré a canviar la jaqueta.

Dimecres, 24 de maig

La Serafina no porta posada la jaqueta.

Això no pot ser. Normalment tots ens posem les jaquetes cada dia. Les nostres mares tenen prohibit rentar-les i, si insisteixen a fer-ho, ha de ser a la nit. Si no aconsegueixen assecar-les durant la nit, ens les posem mullades, per donar-los una lliçó.

Diuen que fins i tot hi ha mares que d'amagatotis han comprat una segona jaqueta, perquè no es noti quan la renten.

Per això no puc entendre per què la Serafina ve avui sense la jaqueta. Potser ha fet màgia i l'ha convertit en invisible per fer-me enfadar.

Això és realment greu. La Serafina generalment té més sort que la majoria, i per si no fos prou, ara també és bruixa.

La vida és injusta. En tots els sentits.

A més, avui m'he perdut a casa meva un espectacle únic. A la mare li ha agafat un cobriment quan ha vist l'habitació de la Flippi. S'ha enfadat, ha cridat, ha amenaçat i, fins i tot, ha jurat en hebreu.

Per primera vegada en sa vida ha reaccionat com una mare normal i jo no hi era per veure-ho. Malviatge!

Però és que la Flippi s'ha passat un munt. Volia tenir una cova com la dels Picapedra.

Ben mirat, l'habitació de la Flippi ja estava demanant a crits que la tornessin a entapissar i a pintar, perquè amb el pas dels anys la Flippi havia anat dibuixant a les princesetes que ballaven el rotlle al paper pintat de les parets, dents negres, bigotis o pegats als ulls com els que porten els pirates. A més, havia pintat pertot arreu monstres i altres animalets fastigosos.

Realment sinistre. Si havia d'entrar per qualsevol cosa a l'habitació de la Flippi abans d'anarme'n a dormir, sabia del cert que aquella nit tindria malsons.

De manera que s'havia decidit per una cova com la dels Picapedra i va començar a pintar les parets d'un color marró grisós pantanós.

En realitat, ella no va triar directament el color, ja que la mare no li havia deixat comprar pintura. Així que va agafar totes les restes de pintura que va trobar al soterrani i les va barrejar.

Però com que no tenia gaire pràctica en això de pintar, va pintar unes ratlles al sòcol. Aleshores el sentit pràctic de la Flippi li va fer pensar: «Bé, doncs jo pinto el sòcol de marró.»

I pintant-lo, va empastifar una mica la porta, aleshores la Flippi va pensar: «Bé, doncs pinto la porta de marró.»

I el mateix va pensar amb el pany de la porta i la finestra etc., etc.

Resumint: l'habitació està completament marró. Parets, sostre, porta, finestra, amb el vidre inclòs!, i fins i tot la moqueta. Tot està pintat de marró, i és que també va caure una mica de pintura damunt la moqueta...

Sincerament, ha quedat horrorosament malament. I això ho diria fins i tot en el cas que la Flippi fos la meva germana preferida.

En una dictadura aquesta habitació es faria servir per als interrogatoris. Tots confessarien de seguida, per poder sortir com més aviat millor.

La Flippi estava molt satisfeta amb la seva feina, però era l'única.

La mare ha estat udolant durant hores, s'ha quedat sense veu. Quan s'ha recuperat una mica, ha dit a la Flippi amb veu ronca i baixa que sortís immediatament de la seva habitació i es canviés a la meva.

Genial, ara em castiga a mi també.

La mare ha intentat contractar un pintor per reparar els danys. Han vingut tres empreses diferents, però totes s'han negat a tornar l'habitació al seu estat original.

Aleshores la Flippi ha tingut una idea:

—Per què no ho preguntes a Òscar Llebre, mare.

L'Òscar treballa al teatre. És pintor de decorats. Nosaltres el coneixem molt bé. Abans venia molt per casa.

La mare i ell van haver de treballar junts una temporada. De vegades a casa seva, però la majoria a la nostra. En realitat, al teatre no tant, però tant és.

De sobte, un dia va deixar de venir. Bé, en realitat, ell trucava molt sovint, però la mare sempre deia que no tenia temps. La mare també...!, o bé han de treballar junts o bé no han de treballar, i si és així, no pot simplement dir que no té temps, oi? Però així és la mare.

L'Òscar era genial. Sempre estava de part nostra i els tres plegats portàvem la mare al límit de la bogeria. De debò, no tenia cap idea bona, era pitjor fins i tot que la Flippi. La mare se'n lamentava i es preguntava què havia fet en una vida anterior per merèixer estar envoltada de gent com nosaltres.

En fi, la qüestió és que un bon dia l'Òscar va deixar de venir i, sempre que preguntàvem per ell, la mare es posava de molt mal humor.

Així que quan la Flippi va esmentar l'Òscar, la mare va bordar de seguida que, d'això, ni parlar-ne. Que estava farta de les bones idees de la Flippi. Que ja se sabia en què acabaven i que la Flippi fes el favor de mantenir-se al marge durant un temps.

Però com que la Flippi té aquesta característica (em refereixo a la desobediència), se'n va anar immediatament al teatre i va negociar amb l'Òscar.

Estava una mica indecís i va preguntar a la Flippi, almenys dos cops, si de debò la mare hi estava d'acord.

La Flippi va dir que és clar, que havia estat la mare la que l'hi havia enviada.

L'Òscar es va posar molt content i va prometre que l'endemà passaria per casa.

De vegades m'agradaria tenir l'energia de la Flippi.

Ara mateix s'acaba d'adormir a mitja història que estava explicant. I es queda tan tranquil·la...

No està pas tan malament passar una o dues nits amb ella a la mateixa habitació.

Amb tot això de la Flippi, gairebé se m'oblida el meu propi drama.

Ni tan sols m'atreveixo a explicar a la Klarafina allò de l'ós. De segur que pensa que sóc una irresponsable. Probablement ara m'expulsaran del club de les bruixes per haver perdut el meu objecte màgic. Això és patètic, no aconsegueixo entrar en cap club i, quan finalment entro en un, me n'expulsen tot seguit. Què serà de mi. Sóc la pitjor bruixa del món. Què dic, si ja ni tan sols sóc una bruixa.

Dijous, 25 de maig

Quan he arribat avui a casa, ja hi era l'Òscar.

M'he alegrat molt de veure'l.

La mare estava dreta com un estaquirot amb la cara vermella com un tomàquet, disculpant-se una vegada i una altra i dient que tot era un malentès i que ella no necessitava cap ajuda, que tot estava en ordre i que se'n podia anar tranquil·lament. Però l'Òscar ha desconfiat i no s'ha mogut del seu lloc. Ha mirat la Flippi amb cara d'interrogant.

Aleshores la Flippi l'ha arrossegat fins a la seva habitació i li ha dit en veu baixa que la mare havia pintat l'habitació i que si a ell no li semblava que el resultat era com un crit d'auxili.

L'Òscar ha quedat consternat i ha promès fermament que, en primer lloc, s'ocuparia de l'habitació, i en segon lloc, de la mare.

Aleshores he ajudat la Flippi i he demanat a l'Òscar que dissimulés si la mare deia que havia estat obra de la Flippi. Que era millor deixar-la que cregués això.

En aquell instant ha aparegut la mare a la porta i ha dit amb la boca petita, bé, que potser no estaria malament tornar a pintar l'habitació, que la Flippi havia...

Però l'Òscar no l'ha deixada acabar de parlar, sinó que li ha passat el braç de manera tranquil·litzadora per damunt de les espatlles i li ha dit que no es preocupés més, que ell ho tornaria a arreglar tot. I després ha afegit que si li venia de gust anar a sopar amb ell una pizza per desfogar-se tranquil·lament. Al cap i a la fi, devia ser força dur assumir tota la responsabilitat de criar dues nenes ella sola.

La mare li ha donat tota la raó, però quan ha vist que l'Òscar la mirava amb tant afecte, ha tornat a envermellir i ha dit que no tenia temps per anar a sopar amb ell.

Probablement la mare deu patir una *Oscaral·lèrgia.* Perquè això és precisament el que em passa a mi amb en Justus.

L'Òscar ha mirat la mare amb aires de comprensió i ha dit que bé, d'acord, i ha promès tornar l'endemà a la tarda per començar a arreglar l'habitació de la Flippi.

La mare s'ha quedat confosa. Tan confosa que quan l'Òscar se n'ha anat, s'ha oblidat de renyar la Flippi.

Divendres al migdia, 26 de maig

Vull que em tornin l'ós.

Fins i tot encara que no sigui màgic m'agradaria recuperar-lo. Era tan graciós. He de recuperar-lo com sigui.

Però primer he de saber si l'ós continua estant a la meva jaqueta.

En Justus m'ha d'ajudar. He d'esbrinar per què la Serafina ja no porta la jaqueta i on dimonis l'ha amagada. Vés a saber, potser només és invisible mentre és a l'escola i a casa torna a ser visible.

L'única cosa que encara no sé és com ho explicaré a en Justus. Potser el millor sigui dir-li que hem confós les jaquetes, li dono la de la Serafina i li demano que em torni la meva.

L'assumpte de l'ós el desconcertaria.

La majoria de les coses el desconcerten. Almenys quan les hi explico jo.

Divendres a la tarda, 26 de maig

En Justus ho farà.

Ha estat superfàcil. L'hi he dit com si fos la cosa més normal del món i ell m'ha respost que cap problema.

Després he recordat que en realitat estàvem enfadats i he murmurat en veu baixa:

—Sento allò del parc.

Ell se m'ha quedat mirant i ha dit:

—No importa. Estàs una mica tocada del bolet, això és tot.

Jo m'he quedat mirant-lo amb cara d'interrogant i ell s'ha afanyat a dir que això li semblava molt *guai.*

Ep, a en Justus, li semblo *guai.* Sóc *guai.* Ja era hora! Feia tant temps que ho esperava, això!

Des que anava a l'escola bressol que vull pertànyer al grup dels *guais.* Aleshores els qui eren *guais* tenien animals de companyia. En Tobies tenia un conill d'Índies; la Jasmina, una marmota, i la Mara, fins i tot un gos. No cal dir que jo també volia tenir un animal, però la mare no m'ho va permetre.

De manera que vaig caçar dos animals salvatges i els vaig ensinistrar. Quina altra cosa podia fer? S'anomenaven Pixie i Dixie. Eren tan bufones, i obeïen a la primera tot el que jo els deia.

A l'escola bressol jo en parlava molt i tots em tenien enveja. Un dia en Tobies i la Mara van venir a casa per veure la Pixie i la Dixie.

Jo les vaig deixar anar per ensenyar a en Tobies i a la Mara els trucs que havia estat assajant amb elles. Justament en aquell moment va entrar casualment la mare a l'habitació i va aixafar la Pixie i la Dixie amb el matamosques. De tota manera, en Tobies i la Mara no havien entès res i van dir que dues mosques corrents no podien considerar-se animals de companyia, i la mare a sobre els va donar la raó.

En Tobies i la Mara no van venir més a casa a jugar amb mi i van explicar a tots els de l'escola bressol la història de les mosques. Tothom es va riure de mi.

Mai a la vida ningú no m'havia dit que jo era *guai*. Per això necessito recuperar com més aviat millor el meu ós, per continuar sent-ho.

El primer pas ja està fet. He donat a en Justus la jaqueta de la Serafina i ell se l'ha emportada a casa seva.

Dissabte al migdia, 27 de maig

Fa una estona que ha vingut en Justus i m'ha portat la jaqueta. Ostres, quin pes que se m'ha tret de sobre, però aquest pes de seguida ha tornat a niuar en el meu cor: l'ós no era a la jaqueta.

Del disgust, vaig començar a plorar. En Justus s'ha quedat un altre cop desconcertat. A empentes i rodolons he estat capaç de dir-li que em faltava el meu ós. El meu petit i bufó ós preferit. I que només volia recuperar la jaqueta per l'ós, perquè era el meu... ós de la sort.

Després d'això, en Justus ha tornat a regirar la jaqueta i hi ha trobat una llibreta d'en BJ.

Jo he plorat encara més. Si en BJ deixava les llibretes a la jaqueta de la Serafina, jo ja podia començar a oblidar-me'n. Ella de segur que ha descobert l'ós i s'ha adonat de la seva màgia, així que segurament, sense pensar-s'ho dues vegades, deu haver fet que en BJ s'enamori d'ella. Però això naturalment no ho he explicat a en Justus.

En Justus, en canvi, ha tret una altra conclusió diferent de l'assumpte de la llibreta d'en BJ. Ha dit que es tractava de la jaqueta d'en BJ.

I això m'ha agradat tant que de seguida me l'he posada.

En Justus m'ho ha explicat tot. Ahir a la tarda en BJ havia estat a casa seva i potser va confondre la seva jaqueta amb la de la Serafina, bé en realitat amb la meva. Per tant, ara la Serafina tornava a tenir la seva jaqueta, i en BJ i jo les teníem canviades.

Això em va consolar. Ara en BJ porta la meva jaqueta i jo la seva. Com una parella d'enamorats de debò. Això és fantàstic. Farà també efecte en els nois? Ara deu ser en BJ un bruixot?

En Justus m'ha dit que li donés la jaqueta d'en BJ, que així recuperaria la meva.

Quan no m'he volgut treure la jaqueta per donar-l'hi, se m'ha quedat mirant amb una expressió una mica estranya i m'ha preguntat si estava segura de no estar colada per en BJ.

—Completament segura —he mentit.

Però només ha estat una mentideta de no res, i per una coseta així no puc ser castigada.

De tota manera, és probable que no es castigui a ningú per mentir. De segur que tot això és una invenció de la mare, ja que els seus càstigs canvien constantment.

Quan érem petites, sempre que mentíem, ens

deia que ens apareixeria una creu blanca al front. Quan ja havíem crescut prou per mirar-nos al mirall i insistíem a voler veure la creu, va començar a dir que quan mentíem se'ns movien les orelles.

La Flippi i jo ens postràvem davant del mirall i mentíem com uns brivalls, però les orelles no se'ns movien.

Més endavant, va afirmar que no ens creixerien més les cames si mentíem i per corroborar el que havia dit hi afegia la dita: «Les mentides són coixes».

Després m'he assabentat del que deia el refrany en realitat: «S'agafa abans un mentider que un coix».

Després la mare es va donar per vençuda i només ens renyava i ens deia: « No es diuen mentides, i prou».

I molt després, va afegir que les mentides pietoses, és a dir, les mentidetes, estaven permeses. Que es consideraven més o menys acceptables. No eren gaire maques, però de vegades resultaven necessàries.

Això ho va dir quan la vaig enxampar que deia a una amiga per telèfon que ho sentia molt però que havia de penjar perquè trucaven a la porta, però no era veritat ja que jo era al seu costat i va ser ella mateixa qui va trucar al timbre de la porta i va fingir que saludava molt efusivament algú, quan el cert era que no hi havia ningú davant de la porta. Però tant és.

Molt afligida, m'he tret la jaqueta d'en BJ i l'he

lliurada a en Justus. Ell se n'ha anat. Jo he volgut acompanyar-lo, però en Justus estava una mica mosca i ha dit que preferia arreglar-ho ell tot sol.

Dissabte a la tarda, 27 de maig

En Justus encara no ha tornat.

De segur que en BJ ha descobert això de l'ós i ara ja no el vol deixar anar. En Justus i en BJ fundaran un club de bruixots i competiran entre ells fent màgia.

I un altre cop jo em quedo a fora. És tan injust. I això que l'ós és meu.

Ara l'Òscar ve gairebé totes les tardes a casa nostra. Genial, l'Òscar és una joia de debò.

Ja gairebé té acabada l'habitació de la Flippi. La majoria de vegades l'ajuda la mare.

Em sembla que vol fer-li una bona impressió. Ja no ens renya contínuament, ni vol saber si tenim cap problema que ella pugui solucionar.

I s'ha comprat una brusa nova. I això que normalment ens cus ella mateixa fins i tot els estoigs per a l'escola. A més, es posa aquesta brusa per pintar! A mi de segur que no em deixaria fer una cosa així...

Quan l'Òscar li ha dit que la camisa nova li quedava molt bé, però que era una llàstima posar-se-la per pintar, ella li ha contestat:

—I ara, però si només és un drap vell. Si fins i tot l'havia seleccionada per donar-la.

Aleshores l'Òscar li ha tallat l'etiqueta del preu que li sortia pel darrere i la mare s'ha posat com un tomàquet. Ell se l'ha quedada mirant amb molt afecte.

La Flippi i jo volem que l'Òscar es quedi i ja estem pensant en quina serà la propera habitació que farem malbé perquè la mare continuï necessitant l'Òscar durant més temps, perquè l'habitació de la Flippi ja està gairebé acabada.

La Flippi fins i tot ha preguntat a la mare si no podríem adoptar l'Òscar. Així ell viuria a casa i nosaltres tindríem un germà gran. És que els pares de l'Òscar ja no viuen cap dels dos i ell està completament sol.

La mare s'ha quedat una mica atordida amb la proposta de la Flippi i ha dit que una adopció no l'entusiasmava gaire. A ella li semblava una mica patètic que el fill fos més gran que la mare. A més, sent així de segur que no li faria cas.

Dissabte a la nit, 27 de maig

Tot arreglat, en Justus acaba de ser aquí.

Amb el meu ós. Gairebé li faig un petó. A en Justus, és clar. Però com que no estem enamorats l'un de l'altre, naturalment no ho he fet. A més, això només l'hauria desconcertat encara més.

En canvi, sí que he fet un petó a l'ós.

En Justus m'ha explicat que havia passat molta vergonya i que a partir d'ara fes el favor de tenir més cura dels meus animals de la sort. M'ha explicat que en BJ gairebé no podia parar de riure en veure que en Justus ara també feia de cavaller errant, salvador de nens i de peluixos, i que s'havia rigut d'ell tot el que havia volgut i més.

En Justus m'ha fet molta llàstima, però no va voler que l'acompanyés, així que ell s'ho havia buscat. Però, és clar, això no l'hi he dit. Als nois, sempre se'ls ha d'afalagar, sobretot quan s'equivoquen.

Jo en canvi li he comentat que em semblava genial que hagués fet tot allò per mi. I ell ha semblat que se n'alegrava. Se n'ha alegrat tant que tot seguit m'ha preguntat si volia anar al cine.

Estava tan contenta amb el meu ós que li he dit que sí.

Com que ara ja he recuperat l'ós podré demanar-li que en BJ també aparegui pel cine. A més, com que en BJ s'ha passat tot un dia amb la meva jaqueta posada, de segur que estarà sota la meva influència i haurà de fer tot el que jo li demani.

Potser a partir d'ara li deixo que em faci els deures, i que es faci càrrec del meu servei de cuina i que netegi l'aquari quan em toqui a mi. I la resta del temps m'haurà de fer petons i dir-me que sóc la noia més *guai* que ha conegut a la seva vida.

La Flippi encara s'hostatja a la meva habitació. L'arranjament de la seva habitació avança a poc a poc. L'Òscar ve cada cop menys a treballar. Ara la mare i ell tenen força reunions, perquè l'Òscar ha de pintar també les altres habitacions. No va posar cap objecció quan la mare l'hi va preguntar. Al contrari. Va dir exactament:

—És clar que sí, quan vulguis.

I, des d'aleshores, es reuneixen per parlar-ne. La majoria de les vegades al dormitori de la mare.

Potser la mare ho fa per evitar una nova explosió creativa de la Flippi. I és que la Flippi es va plantar l'altre dia a la cuina davant la mare amb l'estoig d'aquarel·les a la mà i li va preguntar si li agradaria tenir una greca de petits monstres, perquè a ella li encantaria pintar-l'hi.

La mare va tenir un ensurt de por i li va dir que no calia que es molestés tant. Al cap i a la fi, no podia permetre que una nena tan petita i tan tendra fes la feina més dura, i que era millor que gaudís de la vida i quedés amb les amigues per jugar. Ella mentrestant demanaria a l'Òscar que dissenyés una greca de monstres petits i que després ja ho discutirien plegats.

La Flippi va acceptar la proposta. I ara l'Òscar i la mare es passen hores i hores dins del dormitori discutint sobre la greca de petits monstres.

Dimarts, 30 de maig

L'Òscar és un geni de debò. L'habitació de la Flippi és a punt. L'ha convertida en una veritable cova dels Picapedra. Fins i tot ha pintat *pedra-*

mobles a les parets, i Dino i Pebbles, i fins i tot en Pere i la Wilma.

Però la Flippi ha protestat per aquests dos darrers. Deia que s'assemblaven massa a l'Òscar i a la mare. I no li faltava raó. Tal com estan pintats, tots dos agafats de la mà, i la Wilma arraulida als braços d'en Pere Picapedra. A més, al seu voltant, l'Òscar hi ha dibuixat centenars de cors roses.

Quan la Flippi li ha preguntat que com se li havia acudit aquella cursileria, l'Òscar ha envermellit i ha dit, mirant de reüll la nostra mare, que de segur que va passar en un moment de distracció. Aleshores la mare ha abaixat la mirada i ha començat a dibuixar amb el peu cercles invisibles al terra.

Escolta, oi que aquest era el senyal d'estar...? Però no, amb els adults de segur que tot funciona d'una manera completament diferent.

Dimecres, 31 de maig

Quin dia avui, increïble.

He anat al cine amb en Justus. Quan m'ha passat a buscar, hi havia alguna cosa en ell diferent del normal. M'ha costat força adonar-me de què era: en Justus s'havia pentinat, cosa que habitualment no fa mai.

Per ser exactes, ell és qui diu sempre que mai no es pentina. Però jo calculo que deu necessitar almenys una hora per aconseguir que els cabells tinguin aquest aspecte tan regirat i despentinat.

La qüestió és que avui duia un altre pentinat. Un que tenia aspecte de pentinat. Quan li he preguntat per aquest canvi d'aspecte, ho ha negat amb un moviment de mà, i m'ha dit:

—Són ximpleries, té el mateix aspecte de sempre.

Quan anàvem cap al cine, he recordat que havia pensat a fer màgia perquè en BJ també aparegués al cine. Però de sobte he tingut la sensació que en BJ podria molestar. Jo no sabia gaire bé en què ni com, però he optat per deixar en BJ on era.

Al cine, en Justus m'ha comprat unes crispetes i una Coca-Cola i ha buscat un lloc força enrere en un racó una mica amagat.

Quan s'han apagat els llums, ha estirat els braços cap amunt i després els ha deixat caure damunt els respatllers dels seients a tots dos costats. Després s'ha assegut un senyor molt gras al seu costat i en Justus ha apartat ràpidament el braç d'aquella banda. L'altre braç l'ha deixat repenjat al respatller del meu seient. M'ha preguntat si m'importava que canviés la seva Coca-Cola a la meva banda. I jo he estat molt amable i li he contestat que era una bona idea, perquè l'home que s'havia assegut al costat seu feia la pinta d'estar molt assedegat i es podria beure la Coca-Cola.

En Justus ha col·locat la beguda al meu lloc. Sempre que havia de beure, cosa que passava sovint, s'inclinava per damunt meu per arribar fins a l'ampolla, i sempre feia glops molt petits, i a més, moltíssims.

Jo no tenia ni idea de què fer amb els braços.

Volia aparentar que estava tan relaxada com en Justus i també he posat el braç al respatller del seient. És a dir, ho he provat. Perquè, en fer-ho, he donat un cop de mà a en Justus i li he llançat les crispetes. Després d'això ja no ho he provat més cops.

En Justus no ha dit res.

Després he repenjat la mà al costat de la meva Coca-Cola, que era entre en Justus i jo.

De sobte he sentit una cosa a la mà. M'he espantat, perquè en aquell moment sortia una rata a la pel·lícula i he pensat que també era una rata. He cridat i he apartat la mà de seguida, però, malauradament, quan ho he fet, he llançat a en Justus la meva Coca-Cola per damunt dels pantalons.

En Justus no ha dit res.

M'ha fet molt de tall, sobretot quan m'he adonat que no es tractava d'una rata, sinó de la mà d'en Justus que m'havia fregat.

Després d'això en Justus ha tret el braç del meu respatller i ha deixat de beure Coca-Cola.

Jo he agafat amb les mans les meves crispetes i m'he trobat fatal. «Més val que em concentri en la pel·lícula», he pensat.

La pel·lícula estava molt emocionant i durant uns segons s'ha estès un silenci sepulcral per tota la sala. Aleshores s'ha pogut sentir clarament algú que menjava i que feia dringar la cullera en una copa de cristall.

En Justus s'ha tombat i m'ha empès lleument amb el colze.

—Mira qui hi ha a la fila del darrere —m'ha dit a cau d'orella.

Jo m'he girat i gairebé no m'ho podia creure. Qui era la que hi havia asseguda perpendicularment a nosaltres? Doncs la Klarafina. Amb una copa de gelat a la mà.

Ella s'ha fet cap endavant i m'ha dit:

—Ioio, que bé que ens hem trobat. He de parlar amb tu d'una cosa molt important.

Jo li he contestat si no podia esperar una mica més tard, però ella ha insistit que havia de ser en aquell moment.

I com que la gent del nostre voltant ja començava a impacientar-se i a fer xxssst, me n'he anat amb la Klarafina fora de la sala. En Justus ha volgut venir amb nosaltres, però la Klarafina l'ha agafat per les espatlles, l'ha tornat a asseure i li ha dit:

—És cosa de dones.

La Klarafina i jo ens hem assegut en unes escales, i ella s'ha tret de la bossa una copa de gelat per a mi i una altra per a ella. Aleshores m'ha dit que havia de parlar amb mi sobre una cosa molt important i que era un tema molt difícil. Es tractava de nois.

Jo tenia por que volgués parlar-me de sexe i li he replicat que ja ho sabia tot sobre això, que la mare m'ho havia explicat quan tenia set anys i que a l'escola també n'havíem parlat.

La Klarafina s'ha quedat molt sorpresa que a

l'escola haguessin inclòs l'assignatura d'Ètica de Bruixes.

—Ètica de Bruixes? —he repetit.

—Sí, les normes bàsiques del que una bruixa pot fer i el que no hauria de fer sota cap concepte —m'ha explicat la Klarafina.

Ella s'ha tranquil·litzat quan li he dit que pensava que es referia a una altra cosa i que a l'escola fins ara no havíem fet res sobre Ètica de Bruixes. Però, vés a saber, potser ho farem en cursos superiors.

—Potser aleshores seria massa tard —ha opinat la Klarafina.

—Però, què passa? —li he preguntat.

La Klarafina ha començat a parlar en clau.

—Bé —va dir—, tinc la impressió que estàs a punt de trencar el manament més sagrat de les bruixes.

—Quin és? Anar al cine? Menjar crispetes? Llançar la Coca-Cola?

—No, no, té a veure amb els nois.

Bé, això s'està posant interessant. Darrerament, tot el que té a veure amb els nois em resulta interessant.

—Bé, aleshores, què és?

La Klarafina ha sospirat profundament, i ha optat per agafar primer una cullerada de gelat.

Li devia fer molt de tall parlar d'això, perquè ha murmurat de manera gairebé inaudible:

—Les buxes no fan bedons.

—Les bruixes, què?

La Klarafina ha mogut el cap. Ha aspirat profundament, ha parlat més baixet encara, però aquest cop més clar:

—Les bruixes no fan petons.

—Que les bruixes no fan petons? Què dius? No entenc el que vols dir amb això.

—El cas és el següent. T'has de decidir, Ioio. Si fas un petó o et fan un petó, perds el teu poder de bruixa.

—No m'ho crec —li he respost.

—Però és així —m'ha contestat ella.

—Però què és aquesta bajanada de manament?

—Sempre que s'obté un do especial, cal fer un sacrifici. I les bruixes no han de fer petons, sinó s'acaba això de la bruixeria.

—No he de fer petons mai dels mais?

—Mai dels mais.

—Ni tan sols un petó?

—Ni un.

—Fins al final dels meus dies?

—Fins al final dels teus dies.

—I es pot saber com dimonis les bruixes tenen nens?

—Les bruixes no tenen nens. Trien una nena amb talent i li regalen un objecte especial, amb el qual puguin fer màgia. Però naturalment només mentre no els facin cap petó.

Vaja, aquesta sí que és grossa. Jo he assenyalat la Matilde, la Klarafina ha assentit. O sigui que allò era l'ós de la Klarafina, per dir-ho d'alguna manera.

La pel·lícula s'havia acabat i en Justus ha vingut cap a nosaltres. En Justus volia proposar d'anar plegats a menjar un gelat, però la Klarafina s'ha esmunyit.

En el seu lloc, ha aparegut de sobte la Serafina. En Justus li ha preguntat si li havia agradat la pel·lícula. I ella li ha contestat que la pel·lícula li havia resultat força avorrida, però que en canvi aquí a fora havia estat tot molt més interessant. En passar pel meu costat, m'ha dit en veu baixa:

—Saluda la teva amiga de part meva.

No tinc ni idea de qui volia dir.

Durant tot el camí a casa em tronaven a l'oïda les paraules de la Klarafina: «Les bruixes no fan petons, les bruixes no fan petons, les bruixes no fan petons...»

I en Justus al meu costat no parava de parlar i parlar. Em sembla que m'ha estat explicant el final de la pel·lícula. Però el cert és que tant m'era com acabava. El que em preguntava és com acabaria la meva vida.

Quan hem arribat a la porta de casa meva, en Justus m'ha passat el braç per damunt de les espatlles. Jo, espantada, he cridat, perquè em pensava que anava a fer-me un petó. En Justus també s'ha espantat i m'ha preguntat que què em passava.

Estava tan espantada que li he contestat:

—A les bruixes no se'ls fan petons.

En Justus ha obert els ulls com taronges i ha dit que pel que es veia havia menjat massa crispetes.

«Sí, senyor, això deu ser», he corroborat jo. Un cop un metge va descobrir que jo reaccionava a les crispetes com a una droga i que en realitat no n'havia de menjar. El mateix que amb els panets d'anissos, només de mossegar-los, me'n vaig pels núvols.

En Justus ha fet l'esforç d'un lleu somriure i ha dit que ara sí que se n'havia d'anar a casa.

He estat contenta d'estar sola finalment. Al cap i a la fi havia de prendre una decisió molt important.

Quan penso que tot allò en què he estat treballant durant setmanes podia arruïnar la meva vida... És increïble. I quants cops havia estat a punt de ser besada? Almenys dos cops amb en BJ.

No, si encara li hauré de donar les gràcies a la Flippi. He tingut sort.

Però què dic sort? No podré fer mai cap petó a en BJ. Per què val la pena continuar vivint? Quin fàstic. Amb la il·lusió que em feia el primer petó.

Però renunciar al poder de la màgia, això mai. Ara que finalment em començava a sortir tot bé a la vida. Bé, gairebé tot.

Qui no desitja poder fer màgia, i jo puc.

Com hi podria renunciar per un simple petó.

És clar que no. A més, què té en BJ d'extraordinari perquè li hagi de fer un petó per sobre de tot?

En BJ no té res d'extraordinari!

El millor és que no torni a quedar amb nois, així no podrà passar res.

Però, de sobte, he recordat en Justus i he començat a plorar.

No ho entenc: estic enamorada d'en BJ i, quan penso en en Justus, em vénen ganes de plorar.

Potser tingui alguna cosa a veure amb el fet que m'ho passo molt millor quan sóc amb ell. No és tan sols perquè és més amable amb mi que en BJ, en Justus també és més graciós. En realitat, en BJ només és *guai,* i res més.

Oh, no, probablement m'he enamorat del noi equivocat. Quina mala sort! Això només em podia passar a mi: que no m'agradi tant el noi del qual estic enamorada com el noi del qual no estic enamorada.

Deu ser la pubertat. No, si al final, ja veuràs com també em toca.

Però una cosa és clara: jo mai no faré petons. Seré sempre una bruixa!

Sí, senyor, seré sempre una bruixa.

Dijous, 1 de juny

En Justus m'evita.

I tots els altres nois em persegueixen com si fossin ximples. Es comporten com a babaus. Es deuen haver tornat bojos? Potser també ells han entrat a la pubertat tots alhora.

En Manel se m'ha acostat a l'hora del pati, m'ha posat el braç per damunt i m'ha murmurat:

—Hola, loio —i després ha provat de fer-me un petó.

De debò.

Jo he fet un bot cap a un costat i he ensopegat amb en Torsten, i aleshores ha estat ell qui ha provat de fer-me un petó. Jo li he donat un cop de puny a l'ull i, a en Manel, li he clavat una bufetada, perquè encara s'estava allà amb cara de voler-ho tornar a provar.

Després se n'han anat tots dos escopetejats cap a la Serafina i li han dit que era una idiota.

Dos nois de quart de Secundària també s'han acostat a la Serafina, han mirat en direcció cap a mi i li han preguntat:

—És aquesta?

La Serafina ha assentit i tots dos han vingut cap a mi. Un m'ha preguntat:

—Eh, ets la Ioio? Que *guai.* Vols venir amb mi al cine?

L'altre ha empès el seu col·lega cap a un costat i li ha dit que ell havia arribat primer. Aleshores tots dos han començat a discutir i jo me n'he apartat.

Després, la Serafina s'ha acostat als dos nois i ha començat a insultar-los, els ha dit que eren uns ineptes i uns estúpids.

En fi, a mi em sembla fenomenal que els nois estiguin bojos per mi, però la Serafina hi té alguna cosa a veure, i això no em fa gaire bona espina.

Quan ho he explicat tot a la Linda, m'ha dit que possiblement tot això era un bon senyal i que la Serafina, si havia vist que de sobte era tan popular, podria estar pensant a admetre'm molt aviat al seu club.

En fi, que potser la Linda tingui raó.

Dilluns, 5 de juny

Per fi!

Ja sóc de les noies *guais!* Ai, si ja ho sabia jo!

Avui m'ha parlat la Serafina i ha estat embafadorament amable. M'ha preguntat si volia entrar al seu club.

Per fi.

—És clar —he contestat jo.

—D'acord —ha dit ella—; en aquest cas, a partir d'ara ets un nou membre del meu club.

Però hi ha afegit que abans havia de liquidar un petit detall, i que, en realitat, només era un detall molt insignificant.

—El què, va, digue'l, que com qui diu ja està fet.

—Bé —ha dit—, cada membre del club ha de lliurar quan entra un vell peluix, com a símbol que ja no és cap nadó i que està disposat a sacrificar el seu preuat peluix.

—No hi ha cap problema, puc oferir-te un vell gos amb ulls blaus de botons, un mico amb velcro a les potes, que et queda enganxat al cos, o un cangur molt maco. Quin vols?

—El teu ós.

—El meu ós?!

—Això mateix.

De l'ensurt, m'he començat a trobar malament. Com se li ha pogut acudit tal cosa. Precisament el meu ós!

Gràcies a Déu que ha sonat el timbre per a la classe següent. Jo he enterrat el meu ós a la part més profunda de la butxaca i li he dit que no l'havia portat. Que l'hi donaria demà.

La Serafina ha somrigut amb aire triomfal.

Dimarts al matí, 6 de juny

No he pogut dormir en tota la nit.

L'assumpte de l'ós em posa molt trista. Però com li he de donar el meu ós.

Què faré? Quan per fi tinc l'oportunitat única de pertànyer als nens *in,* he de sacrificar el meu ós. Ho donaria tot, menys el meu ós, perquè això significaria deixar de fer màgia.

Però potser cal fer sacrificis quan es vol aconseguir alguna cosa.

Dimarts a la nit, 6 de juny

Avui ha passat una cosa molt estranya. La Serafina se m'ha acostat per preguntar-me si havia portat l'ós. Per guanyar temps, jo he fet veure que ho sentia molt i li he dit se m'havia oblidat i que encara no estava gaire segura de si havia de fer realment una cosa així.

La Serafina s'ha enfadat una mica i m'ha dit que no mantindria la seva oferta gaire temps més.

I després, ha passat això: en Bj estava amb uns

quants nois en una rotllana i xiuxiuejaven. Sí, sí, els nois també xiuxiuegen.

Més tard, en BJ ha dit als altres nois:

—Aquesta és una manera molt fàcil de guanyar diners.

Se'ns ha acostat, a la Serafina i a mi, el molt fanfarró, ha agafat la Serafina amb força als seus braços i li ha fet un petó.

Jo m'he quedat perplexa. Estava esperant que se'm trenqués el cor, però no m'ha passat res. Que estrany, oi? El noi de qui estic enamorada fa petons a la meva més fervent enemiga i jo no sento absolutament res. A més, per què ha fet un petó a la Serafina, així d'aquesta manera i davant de tots?

De segur que ha perdut alguna aposta. «Aquest no fa una cosa així voluntàriament», he pensat.

Però després la cosa encara s'ha posat millor. Quan en BJ ha acabat de fer-li el petó, ha estirat la mà a la Serafina i li ha dit:

—D'acord, això ja està. I ara deixa anar els trenta talegos.

Què? Que a en BJ se li han de pagar trenta euros per un petó?

Vaja, que bé que això d'en BJ i jo no hagi funcionat, si no ja estaria sense ni un euro.

La Serafina tampoc no semblava gaire contenta, perquè ha clavat una bufetada a en BJ i li ha començat a bordar que era un idiota.

—A mi no, era a aquesta.

I en dir «aquesta», m'ha assenyalat amb el dit.

—Oh! —ha dit en BJ—, ha estat un malentès!

Aleshores ha vingut cap a mi, però la Serafina li ha deixat anar un altre cop i li ha cridat que li havia arruïnat la vida.

La Serafina ha començat a plorar sense consol, i en BJ ha volgut saber si encara m'havia de fer el petó o no.

Però la Serafina ha tocat el dos i jo, per si de cas, li he ensenyat a en BJ els punys, m'he posat en posició de combat i li he dit:

—Ni se t'acudi.

En BJ només ha arronsat les espatlles i se n'ha anat.

I tot d'una ho he vist clar.

Aquella miserable i malèvola rata de claveguera havia ofert diners als nois de l'escola perquè em fessin un petó. La Serafina de segur que havia sentit la conversa entre la Klarafina i jo al cine. Volia que jo perdés el meu poder màgic i així aconseguir el meu ós.

Ostres, tio, i de poc que caic a la trampa.

Però ara tinc una cosa molt clara: ja no estic enamorada d'en BJ, d'això n'estic segura. Entre en BJ i jo s'ha acabat tot.

És una llàstima que en Justus ja no es deixi veure. Des de l'afer del cine no m'ha tornat a trucar. I quan ens veiem al pati i li dic «hola», ell només em contesta de manera concisa i se'n va.

Dimecres a la tarda, 7 de juny

No m'ho puc creure. Això no pot ser veritat.

He arribat a casa i tot era en silenci. Pensava que no hi havia ningú i, quan he anat a la cuina per veure com anava la greca de monstres petits, hi he entrat, i què he vist?

La mare i l'Òscar que es feien un petó!!!!!!!!

He degut fer un crit de l'ensurt, perquè tots dos han deixat de besar-se immediatament. Se m'han acostat, han provat de tranquil·litzar-me i m'han preguntat què em passava.

Al començament no he estat capaç de pronunciar ni una sola paraula. Però després els he recriminat l'escena, què es pensaven. Si ells ja no són adolescents! I que a més perdrien els seus poders màgics.

M'han degut veure força confosa, perquè la mare m'ha ficat al llit. Durant hores ha estat asseguda al meu costat posant-me draps humits al front i fent-me empassar camamilla.

He plorat molt i no he parat de dir que era molt injust que la mare pogués fer petons i jo no.

La mare ha estat molt afectuosa amb mi i per això l'hi he explicat tot: allò d'en BJ i en Justus.

Ella m'ha preguntat si no podia ser que en realitat estigués enamorada d'en Justus.

Jo ho he negat. Ningú no està enamorada d'en Justus. Bé, a tot estirar la Linda, però aquesta cada setmana està enamorada d'un de diferent. En Justus no pertany necessàriament als nois *guais*. Els *guais* són en BJ i els nois del grup de música.

I si una vol ser *guai,* s'ha d'enamorar d'un d'aquests.

La mare m'ha dit que el millor era que descansés i aleshores ha tornat amb el seu estimadíssim. Sí, ella té sort, està enamorada i pot fer tants petons com vulgui.

Mentre descansava, he tornat a pensar en tot l'assumpte i he arribat a la conclusió que probablement un s'enamora sense proposar-s'ho prèviament. Així, sense més. Coneixes algú, el trobes agradable i... Ja està! T'has enamorat. Tant si vols com si no.

I també podria ser que això fos el que m'ha passat amb en Justus. Si fos el cas, estaria enamorada d'en Justus i no pas d'en BJ. Perquè si no fos així l'altre dia, quan en BJ va fer un petó a la Serafina, se m'hauria d'haver trencat el cor. Això ho posa en qualsevol novel·la: «El cor se li va trencar quan el va veure amb una altra».

Que sempre estigui tan nerviosa i que em passin coses tan matusseres quan estic amb en Justus, també deu ser un senyal d'amor.

I el pessigolleig a l'estómac tampoc no és una al·lèrgia, sinó amor.

Tot apunta que estic enamorada d'en Justus. I ara he de dir-li que la nostra història no pot ser, perquè en cas contrari perdria el meu poder de bruixa.

Tret que ell estigui d'acord a no fer-me mai cap petó.

Si m'estima de debò, ho farà!

De sobte, m'he adonat que en realitat jo no sabia si en Justus també estava enamorat de mi. Mai no m'hi havia fixat, com que sempre tenia només en BJ al punt de mira.

I tot d'una m'han tornat a venir moltes ganes de plorar, perquè si en Justus no m'estima, aleshores la nostra seria una història d'amor molt trista.

Dimecres a la nit, 7 de juny

No m'és fàcil admetre-ho, però he preguntat a la mare com podria esbrinar si en Justus està enamorat de mi o no.

Déu meu, dec estar molt desesperada quan pregunto a la meva pròpia mare una cosa com aquesta.

Però, en assumptes d'amor, sembla estar força més informada del que jo he pensat sempre.

Bé, la qüestió és que m'ha dit que ella estava segura que jo li agradava molt a en Justus. Qui passa voluntàriament tant de temps amb mi com ho fa en Justus, és que li dec agradar per força.

Ha estat realment encantadora, i gairebé normal. Per primera vegada no s'ha fet retrets per haver-ho fet tot malament i tampoc no ho fa fet pagar al pare.

En fi, si en Justus també m'estima, ja només he de decidir sobre la qüestió del petó.

He de fer un petó a en Justus?

Si vull fer un petó a en Justus, l'hi faig i ja està.

Per a què necessito jo el poder de les bruixes! Si a la vida és molt més important poder ser besada.

Demà faré un petó a en Justus!

Dijous, 8 de juny

Aquest matí ja tornava a ser capaç de pensar clarament i he pres una altra decisió:

No faré cap petó a en Justus!

Vull continuar sent una bruixa.

A l'hora del pati, he parlat amb en Justus.

Li he explicat que estava enamorada d'ell i que estava disposada a casar-me amb ell, però que malauradament mai no podria fer-li un petó.

En Justus s'ha quedat força sorprès, però ha dit que a ell ja li anava bé. Que, per començar, potser podríem conformar-nos a anar de tant en tant al cine o a algun concert o a un partit de bàsquet.

Jo li he dit que sí, que això estava molt bé i que això sí que podia fer-ho.

Gràcies a Déu que no me n'ha preguntat el motiu.

De fet, ell ja es pensa que sóc una mica rara i les meves nombroses explicacions només el desconcerten.

Ah! Ha estat taaaan encantador.

Però aleshores ha passat una cosa terrible.

Bé, en realitat, no ha estat gens terrible.

Quan acabava el meu fabulós discurs, en Justus se m'ha quedat mirant amb molt afecte, més o menys com l'Òscar mira sempre la mare. I aleshores ha passat.

He fet un petó a en Justus!

Jo a ell! I això que no m'està permès fer petons!

Però ha estat la sensació més maca de la meva vida.

M'he sentit completament feliç. I en Justus, també. I tampoc no m'importa que ja no pugui fer màgia.

I ara què passarà amb l'ós?

El podria donar a la Serafina.

Així m'acceptarà al seu club i, com que ja ha estat besada, no podrà fer cap malifeta amb l'ós.

Divendres, 9 de juny

Bé, ara ja està tot arreglat. He regalat l'ós.

No m'ha resultat fàcil, però podré veure'l cada dia. I com que amb mi ja no funciona...

Estic segura que he pres la decisió més correcta.

La Flippi s'ha posat molt contenta.

Sí, la Flippi! L'he regalat a la meva germana!

Al final no l'he donat a la Serafina, aquell paó cregut. Es pot ficar el seu absurd club on li vingui de gust.

Ara ja sóc adulta.

En Justus em vindrà a buscar de seguida, anem de pícnic.

I aquesta nit ha passat una cosa genial: m'ha sortit el primer gra! A mi em sembla que té un aspecte molt graciós, és just al costat del nas. L'anomenaré Puntet. I quan me'n surti un altre l'anomenaré Pepeta. I el proper l'anomenaré... Va, em sembla que no m'hauria de preocupar gaire per aquestes coses. En realitat, no necessito tants grans, amb un o dos ja n'hi ha prou.

La Flippi volia fer màgia perquè l'Òscar i la mare es casessin. Però jo he dit que hauríem de donar-los un vot de confiança per veure si ho aconseguien tot sols. Els donarem una setmana de temps, si fins aleshores no s'han casat, la Flippi farà màgia amb ells.

Demà em trobaré amb la Klarafina per presentar-li la Flippi com la meva substituta, per dir-ho d'alguna manera.

Amb la Flippi no hi ha perill que faci un petó a un noi. Ella a tot estirar els dóna cops de puny a l'estómac.

Perquè a ella els nois li semblen completament babaus.

Encara.

La Flippi m'ha dit que quan jo tingui un desig molt fort, que ella farà màgia perquè es compleixi.

Però probablement ja no necessiti cap màgia. Perquè quan un vol una cosa de veritat, ho aconsegueix fins i tot sense màgia. Només cal que ho desitgi amb força.

Bé, i de vegades també surten les coses que un no desitjava, però que al final són millors que les que un desitjava.

I quan un s'enfada per totes les coses que vol i no aconsegueix, hauria de pensar que també hi ha una quantitat de coses que un no vol i que per sort no té.

Això torna a sonar força desconcertant, deu ser per la pubertat. Em sembla que ara sí que la tinc.

Aquest llibre es va acabar d'imprimir
a Barcelona, a les Escoles Gràfiques Salesianes.